Friedrich Schillers Utopie vom „Bau einer wahren politischen Freyheit"

Europäische Hochschulschriften
Publications Universitaires Européennes
European University Studies

Reihe XX
Philosophie

Série XX   Series XX
Philosophie
Philosophy
Anthropology-Ethnology

Bd./Vol. 729

PETER LANG
Frankfurt am Main · Berlin · Bern · Bruxelles · New York · Oxford · Wien

Michael Ganter

Friedrich Schillers Utopie vom „Bau einer wahren politischen Freyheit"

in seiner Abhandlung *Ueber die ästhetische Erziehung des Menschen in einer Reihe von Briefen*

PETER LANG
Internationaler Verlag der Wissenschaften

Bibliografische Information der Deutschen Nationalbibliothek
Die Deutsche Nationalbibliothek verzeichnet diese Publikation
in der Deutschen Nationalbibliografie; detaillierte bibliografische
Daten sind im Internet über <http://www.d-nb.de> abrufbar.

Die Drucklegung dieser Arbeit wurde empfohlen von
Prof. Dr. Herfried Münkler,
Humboldt-Universität zu Berlin.

Gedruckt auf alterungsbeständigem,
säurefreiem Papier.

ISSN 0721-3417
ISBN 978-3-631-58317-3
© Peter Lang GmbH
Internationaler Verlag der Wissenschaften
Frankfurt am Main 2009
Alle Rechte vorbehalten.

Das Werk einschließlich aller seiner Teile ist urheberrechtlich
geschützt. Jede Verwertung außerhalb der engen Grenzen des
Urheberrechtsgesetzes ist ohne Zustimmung des Verlages
unzulässig und strafbar. Das gilt insbesondere für
Vervielfältigungen, Übersetzungen, Mikroverfilmungen und die
Einspeicherung und Verarbeitung in elektronischen Systemen.

Printed in Germany 1 2 3 4 5 7

www.peterlang.de

Für Lucie.

*Man ist nicht realistisch,
indem man keine Ideen hat.*

Max Frisch

Danksagung

Es ist nur so: Vielleicht ist ja alles gar nicht wahr. Allerdings reicht es auch schon aus, wenn das Eine oder Andere nicht wahr ist. Ich wäre daher zuallererst dankbar, sollte mein Ausflug ins „Pantheon der Deutschen" (H.-B. Gerl-Falkovitz) mehr aufbauen denn niederreißen, mehr Licht, denn Verdunkelung bringen. Würde man hinter manch einer apodiktisch formulierten Behauptung über Schiller allem voran ‚Wahr-Schein-lichkeit' vermuten, wäre ich dankbar. Es hätte so sein können. Aber war es so? Es könnte so gemeint sein. Aber ist es das? Da es nicht schön klingt, im Konjunktiv zu schreiben, habe ich es gelassen.

Der Weg bis zu diesem Büchlein war lang und hat mich weit weg von meinen Wurzeln im Schwarzwald geführt - übrigens häufig an Orte, an denen auch Schiller (zu welchen Bedingungen!) weilte. An erster Stelle gilt daher mein Dank meiner Mama, meinem Papa und Lissy, meiner Lieblingsschwester Kathrin und meiner Oma. Sie haben nicht nur gemeinschaftlich den Druckkostenzuschuss finanziert, sondern mich über all die Jahre mit Zuneigung, Rückhalt sowie heimischem Speck, mit Wurst, Bier und Wein unterstützt.

Denken wird durch vielfältige Begegnungen ermöglicht und geprägt. Manche davon sind ganz besonders. Daher danke ich Richard Leibinger vor allem dafür, dass er mir, als ich es am nötigsten hatte, Mut machte und Bücher gab. Dr. Matthias Trennert-Helwig danke ich für sein Vorbild unabhängigen Denkens.

Frau Prof. Dr. Dr. Hannah-Barbara Gerl-Falkovitz (TU-Dresden) bin ich von Anbeginn meines Studiums der Philosophie und über all die Jahre hinweg nicht nur in Dankbarkeit verbunden geblieben. Ihr gilt meine ganz besondere Verehrung.

Prof. Dr. Werner J. Patzelt (TU-Dresden) danke ich vor allem für seine Bereitschaft, mit mir über seinen in dieser Arbeit kritisierten Politikbegriff zu streiten (s. S. 92ff.). Prof. Dr. John Michael Krois (HU-Berlin) danke ich für die Ermöglichung und Betreuung dieser Arbeit.

Mein ganz besonderer Dank gilt schließlich Prof. Dr. Herfried Münkler (HU-Berlin) für die interdisziplinäre Beratung, Betreuung und Begutachtung, sowie vor allem die Befürwortung und Unterstützung der vorliegenden Publikation, die es ohne ihn nicht gegeben hätte.

Non pecunia... Friedrich Schillers Schrift ist nicht die einzige, die ihre Entstehung einem Stipendium verdankt. Daher gilt mein besonderer Dank an dieser Stelle der Friedrich-Ebert-Stiftung nicht zuletzt für die großzügige Förderung meines Studiums. Es war und ist ein großzügiges, keineswegs selbstverständliches materielles und ideelles Privileg.

Da ich im Moment, da ich dies schreibe, ALG II empfange, möchte ich meine Dankbarkeit, dass es in Deutschland diese Grundversorgung gibt, nicht verhehlen. Verschweigen will ich aber auch nicht die Infantilisierung, die entwürdigende Abwertung, Bevormundung und die sehr belastenden Einschränkungen persönlicher Freiheit, die mit dem Bezug von ALG II verbunden sind (dabei ist das natürlich bei weitem nicht das drängendste Problem unserer Zeit). Allen Verantwortlichen sei die Lektüre Schillers ans Herz gelegt. Seine Zeitkritik ist aktueller, als man denkt. Sein Idealismus und seine Utopie stellen unüberholte Maximen zur Verfügung, die auch uns Heutigen noch immer zur Orientierung gereichen sollten.

Peter Lenk danke ich für die freundliche Bereitstellung einer Photographie seiner Mauerkieker für den Epilog. Martina Polster gilt mein Dank für die freundliche und geduldige Betreuung des Manuskripts.

Ich danke 韩芳. Sebastian Richter war im schwierigsten Moment an meiner Seite. Ihm verdankt die vorliegende Arbeit den wichtigen Beitrag einer sorgfältigen (fast) unermüdlichen messerscharf kritischen und mäeutischen vorletzten Lektüre. Max Brust danke ich nicht nur für die halsbrecherischste Bootsfahrt auf der Spree, sondern auch für den Hinweis und die Beschaffung eines sehr gewinnbringenden Aufsatzes von Frau Prof. Dr. Sybille Krämer (FU-Berlin). Robert Langer, Christiane Stürzl, Katrin Andres, Susann Wolff, Tim Raettig und Corinna von Bredow danke ich für ihre Korrekturen. Ihnen allen sowie Constanze Reinhardt, Fabio Digenaro, Silvia Mosca, Frank Kury und den Drehers danke ich aber vor allem für ihre Freundschaft und Liebe. Rose Seeger bin ich darüber hinaus für die rote Mappe dankbar, in der mich angefangen von Notizen, über Exposé, Kopien, Entwürfe bis hin zum fertigen Manuskript das, was nun hier vorliegt, begleitete.

„Trin Tragula - so war sein Name - war ein Träumer, ein Denker, ein grüblerischer Philosoph, oder wie seine Frau es ausgedrückt haben würde, ein Idiot."[*] Mein ganzer Dank - nicht nur für ihre unersetzliche Unterstützung dieser Arbeit - gilt schließlich meiner heiß geliebten Lucie auch und allem voran dafür, dass sie mich noch immer will.

Leipzig - Dresden - Konstanz, im Sommer 2008

---

[*] Adams, Douglas: Per Anhalter durch die Galaxis (Alle 5 Romane in einem Band!), München [11]2001, S. 281.

Inhaltsverzeichnis

1. Einleitung: Schillers Briefe „Ueber die ästhetische Erziehung des Menschen" - eine politische Position oder eine apolitische Künstler-Utopie?.... 13
    1.1 Positionen in der Literatur... 14
    1.2 Fragestellung und methodische Vorgehensweise................. 21

2. Entstehungszusammenhang der *Ästhetischen Briefe*....................... 25
    2.1 Von den *Augustenburger Briefen* zu den *Ästhetischen Briefen* oder Kritik an Absolutismus und Revolution........................ 25
    2.2 Von den *Kallias-Briefen* zu den *Ästhetischen Briefen* oder Kritik Kants und Rousseaus... 28

3. Das Fehlen der Totalität verunmöglicht den „Bau einer wahren politischen Freyheit"... 33
    3.1 Problemaufriss: durch die Schönheit zur Freiheit................. 33
    3.2 Das Scheitern der französischen Revolution und die Probleme der Transformation vom Naturzustand über den Naturstaat zum Vernunftstaat.. 34
    3.3 Die Homologie der seelischen und politischen Verfassung...... 38
    3.4 Der entfremdete Mensch: kulturelle und anthropologische Ausgangsbedingungen.. 41
        3.4.1 Kulturelle Ausgangsbedingung: die Auseinandergerissenheit der Systeme wirkt auf den Menschen............. 41
        EXKURS: der Mythos vom ‚schönen Griechentum'...... 43
        3.4.2 Anthropologische Ausgangsbedingung: die Doppelnatur des Menschen I - die Lehre von den zwei Charakteren.. 45
        3.4.3 Die schöne Kunst und die Veredelung des Charakters... 49

4. Die (Wieder-)Annäherung an die Totalität durch die Schönheit.......... 53
    4.1 Kurswechsel I: die transzendentale Deduktion oder die Doppelnatur des Menschen II - die Lehre von den zwei Trieben..... 53
        4.1.1 Formtrieb und Stofftrieb.................................... 54
        4.1.2 Die mögliche Versöhnung durch den Spieltrieb I......... 56
    4.2 Kurswechsel II: die Operationalisierung von Schönheit oder die mögliche Versöhnung durch den Spieltrieb II................. 59
        4.2.1 Die doppelte Aufgabe der Kultur: schmelzende und energische Schönheit.. 59
        4.2.2 Der ästhetische als der mittlere Zustand................... 67
    4.3 Das Ästhetische als das Vermittelnde................................ 72

5. Schillers ‚philosophischpoetischer' Stil 81

6. Schillers metapolitische Künstler-Utopie vom „Bau einer wahren politischen Freyheit" 89
   6.1   Die Totalität als Bedingung der wahren politischen Freiheit..... 89
   6.2   Der ästhetische Staat als Bau (an) einer wahren politischen Freiheit.. 90
   6.3   Was ist politisch an den *Ästhetischen Briefen*?.................... 92
   6.4   Schillers metapolitische Künstler-Utopie.......................... 96

7. Ausblick: Rationalitätskritik und Bewusstseinsbildung - Skizze einer Theorie des Spiels in Anlehnung an Schiller................................. 101

Epilog... 108

Abkürzungen zitierter Literatur... 110
Bibliographie.. 111

Anhang
Schema III: Schema vom Hinaufstimmen zum „Bau einer wahren politischen Freyheit"... 121

1. Einleitung: Schillers Briefe „Ueber die ästhetische Erziehung des Menschen" – eine politische Position oder eine apolitische Künstler-Utopie?

Vorbemerkung

„Hol Euch alle der Teufel! Bin zu Haus, wenn ihr mich haben wollt. Adies. Schiller."[1] Ein großer Geist gehört über die Zeiten hinweg gehört. Für den Zeitpunkt der Entstehung und die Veröffentlichung vorliegender Arbeit heißt dies: am 10. November 2009 wird sich Schillers Geburt zum 250sten Mal jähren. Das Schillerjahr 2005 liegt noch nicht lange zurück. Beides gehört in das weite Feld eines vielschichtigen „Schiller-Mythus"[2]. 200 Jahre nachdem Johann Christoph Friedrich Schiller am 9. Mai mit gerade einmal 45 Jahren aus dem Leben schied, wurde der neben Goethe beliebteste Klassiker der Deutschen in Erinnerung gerufen, geehrt und gefeiert. In diesem Zusammenhang postulierte der Deutsche Bundespräsident: „Es lohnt sich immer wieder, diesen europäischen Dichter zu lesen, der wie wenige ein Herold der Freiheit und der Menschenwürde geworden ist."[3] ‚Herold der Freiheit' ist Schiller dabei vielleicht ebenso aus eigenem inneren Antrieb gewesen, wie er zu diesem durch seine Interpreten von außen gemacht worden ist. Es verwundert nicht, dass auch die vorliegende Arbeit nicht außerhalb des Kontextes dieses ‚Schiller-Mythus' zu sehen ist, aber auch nicht außerhalb dessen, was als „Mythos der Wissenschaft"[4] bezeichnet werden kann. Darin eingeflochten stellt sie den Versuch dar, auf ein Neues einen Teil seines Werkes auszulegen. Genauer wird untersucht werden, wie Schiller in seinen Briefen ‚Ueber die Ästhetische Erziehung des Menschen' (in der Folge *Ästhetische Briefe*) denkt, den ‚Bau einer wahren politischen Freyheit' auszuführen. Zur Beantwortung dieser Frage verdienen sowohl das ‚Was', der Stoff, um den es Schiller geht, als auch das ‚Wie', die rekonstruierte Form des Schillerschen Denkens eine wichtige Beachtung. Handelt es sich bei diesem Bau der Freiheit um ein (realitäts-)flüchtiges Luftschloss, in dem Sinne, dass letztlich „dem Thema der *Ästhetischen Briefe* wohl nicht mehr sehr viel abzugewinnen"[5] sei, wie gelegentlich festgestellt worden ist? Schiller provoziert zum Selbstdenken! Oft wurde sein eigenes Selbstdenken als Zumutung zurückgewiesen.

---

1 Einer Anekdote zufolge soll Schiller diese Worte in einer Gastwirtschaft hinterlassen haben, nachdem er eine ganze Weile vergeblich auf seine Freunde gewartet hatte. Im Zusammenhang mit der vorliegenden Arbeit ist dieses Zitat freilich nicht wörtlich zu nehmen, wobei es dem Leser überlassen ist, was er darunter verstehen möchte.
2 Vgl. Dann 2005, S. 23 ff.
3 Moersch 2005, S. 8.
4 Vgl. bspw. Ortega 1962, S. 68.
5 Vgl. Koopmann 1998, S. 922.

Die vorliegende Auslegung will sich der Herausforderung stellen und dazu anregen, selbst darüber nachzudenken, was mit Schillers Utopie von ‚der wahren politischen Freyheit' gemeint sein könnte. Es hat auch heute noch etwas Verwegenes, sich mit Schiller zu beschäftigen.

1.1 Positionen in der Literatur

Auch das Selbstdenken bedarf der Lektüre. Die Literatur zu Schillers *Ästhetischen Briefen* ist einem ‚Klassiker' gebührend zu umfangreich, als dass sie im Rahmen der vorliegenden Arbeit vollständig erfasst werden könnte.[6] Ausführliche Literaturhinweise finden sich in der von Klaus L. Berghahn herausgegebenen und kommentierten Ausgabe: „Friedrich Schiller: Über die ästhetische Erziehung des Menschen"[7]. Ebenfalls überaus reichlich zu finden sind sie in den beiden Schillerhandbüchern. In deren ersterem, herausgegeben von Helmut Koopmann[8], hat dies neben dem allgemeineren Forschungsbericht des Herausgebers[9] Rolf-Peter Janz[10] besorgt. Im zweiten, von Luserke-Jaqui[11] herausgegebenen Handbuch, hat Carsten Zelle[12] einen umfangreichen und dem Entstehungsdatum entsprechend recht aktuellen bibliographischen Apparat erstellt.

Anstelle eines ‚bloßen' Literaturberichts zu Schillers *Ästhetischen Briefen* soll im Folgenden eine Bestandsaufnahme unter dem für diese Arbeit fundamentalen Gesichtspunkt des Politischen vorgenommen werden. Unter politisch wird dabei zunächst der Versuch Schillers verstanden, im weitesten Sinne eine Antwort auf die mit der französischen Revolution so drängend gewordenen Fragen der Verwirklichung von Freiheit, Gleichheit und Brüderlichkeit zu formulieren. Die Einschätzungen des Versuchs Schillers sind in der Literatur äußerst facettenreich und widersprechen sich bisweilen. Denn auch wenn Walter H. Sokel den

---

6   „Über keinen deutschen Dichter, GOETHE vielleicht ausgenommen, ist mehr geschrieben worden, als über Schiller; ein wirklich umfassender Forschungsbericht würde Bände füllen." (Koopmann 1998, S. 809.) Dies gilt für sein Gesamtwerk wie für „Schillers Briefe *Ueber die ästhetische Erziehung des Menschen*", die „seit jeher" „zur gründlichen Diskussion gereizt" (a.a.O., S. 921) haben.
7   Friedrich Schiller: Über die ästhetische Erziehung des Menschen in einer Reihe von Briefen. Mit den Augustenburger Briefen, hrsg. u. komm. v. Klaus L. Berghahn, Frankfurt 2000, S. 249-252. Im Folgenden werden alle Zitate aus den *Ästhetischen Briefen* dieser Ausgabe mit dem Hinweis ÄE und alle Zitate aus den *Augustenburger Briefen* dieser Ausgabe mit dem Hinweis AB und der entsprechenden Seitenzahl in Klammern dem jeweiligen Zitat angefügt.
8   Koopmann 1998.
9   A.a.O., S. 809ff.
10 Janz 1998.
11 Luserke-Jaqui 2005.
12 Zelle 2005.

Ästhetischen Briefen ganz klar eine politische Wirkungsabsicht – wenngleich auf Umwegen – zuschreibt[13], ist dies doch kein Gemeinplatz der Schillerforschung, den alle Autoren teilen. Vor allem Schiller selbst scheint bereits mit dem Einsatz der *Ästhetischen Briefe* die Qualifizierung seiner Schrift als politische Stellungnahme zu durchkreuzen. „Sie wollen mir also vergönnen, Ihnen die Resultate meiner Untersuchungen ü b e r d a s S c h ö n e u n d d i e K u n s t in einer Reihe von Briefen vorzulegen." (ÄE, S. 7)[14] Der Einsatz der *Ästhetischen Briefe* und mithin der gesamte erste Brief lassen nicht auf die Absicht Schillers schließen, eine *politische Theorie* vorzulegen. Vielmehr liegt die Vermutung nahe, es handle sich um eine *ästhetische Theorie*. Erst im zweiten Brief kommt Schiller auf den „politischen Schauplatz [...], wo jetzt, wie man glaubt, das große Schicksal der Menschheit verhandelt wird" (ÄE, S. 10), zu sprechen. Doch heißt das wiederum nicht, dass es sich automatisch um eine politische Theorie handelt. Schiller könnte diese Bemerkung anführen, um „zu rechtfertigen, daß im Revolutionsjahr 1793 von Kunst die Rede ist, während ein ungleich wichtigeres Thema alle Aufmerksamkeit erfordert, die politische Freiheit."[15] Helmut Harald Reuter stützt eine solche Lesart. Er behauptet, dass Schiller in den *Ästhetischen Briefen* eine höchst unverbindliche politische Utopie entwickelt, die in der Hauptsache dazu dient, „*die eigene Rolle als Künstler* zu bedenken."[16] Dies würde bedeuten, Schiller instrumentalisiere politische Theorie (in welcher Form auch immer) um der Konstruktion einer ästhetischen Theorie willen. Kyoung-Sik Cho sieht Schillers eigentliches Thema denn auch in der „Selbstthematisierung der Kunst [...]: Die politische [...] Problematik wird [...] nicht um deren Lösung willen aufgeworfen, sondern um deren Funktion für die Selbstthematisierung [der Kunst; M.G.] willen".[17] Er behauptet in seiner an Luhmann orientierten systemtheoretischen Untersuchung der *Ästhetischen Briefe*, es gehe ausschließlich um die Bestimmung der Kunst als ein selbstreferentielles System. Der politische – oder weiter gefasst – Moraldiskurs diene nur zur Gewinnung der hierzu notwendigen Leitdifferenz Totalität/Entfremdung, so

---

13 Vgl: Sokel 1990, S. 264: „Daß in Schillers ‚Ästhetischer Erziehung des Menschen' Erziehung durch Kunst einen Umweg darstellt zu richtiger Politik [...] gehört zu den Gemeinplätzen ihrer kritischen Rezeption." Sokel verweist an dieser Stelle auf Wiese 1959, S. 446 u. 462; Wilkinson 1967, S. XVIIIff.; Berghahn 1982, S. 150; Riecke-Niklewski 1986, S. 102.

14 Sämtliche von Schiller stammenden Zitate werden buchstabengetreu aus den jeweiligen Werken wiedergegeben. Dabei treten Unterschiede vor allem bezüglich der Orthographie auf. Die jeweilige Quelle wird dem Zitat in Klammern nachgestellt.

15 Janz 1998, S. 612. Janz führt hier das Jahr 1793 an, in welchem die Briefe an den Prinzen Friedrich Christian Schleswig-Holstein-Sonderburg-Augustenburg entstanden. Sie gelten als die unmittelbaren Vorläufer der *Ästhetischen Briefe*, die 1795 in den Horen veröffentlicht wurden.

16 Reuter 1982, S. 36.

17 Cho 1997, S. 217.

„daß der Moraldiskurs keineswegs für ‚bare Münze' genommen werden darf"[18]. Auch Heinz-Gerd Schmitz kommt auf anderem Wege zu einem ganz ähnlichen Schluss. Er gesteht Schiller zwar die „Suche nach einer politischen Eudämologie"[19] zu. Allerdings muss dieser „Versuch Schillers" in Bezug auf eine „Theorie des Politischen [...] verworfen werden."[20] Schmitz sieht, ähnlich wie Cho, letztlich eine „ästhetische Instrumentalisierung politisch-historischer Ereignisse", allerdings mit dem Ergebnis, dass Schiller eine nicht hedonistische „eudämologische Schönheitslehre"[21] konstituiere. Ulrich Floß will sich Klaus L. Berghahn anschließen, der behauptet haben soll, „daß Schiller ‚Probleme der Ästhetik und Poetik wichtiger waren als solche des politischen Lebens'."[22] Und obwohl gerade Klaus L. Berghhahn betont, dass man Schiller „sicher gerechter [wird], wenn man ihn einen idealistischen Reformer nennt, der mit der Tatsache und dem Verlauf der bürgerlichen Revolution unzufrieden ist"[23], lehnt es Floß ab, Schillers *Ästhetische Briefe* „als ‚bewußtes Engagement' in der Zeit nach der Französischen Revolution zu interpretieren"[24]. Diese Einschätzung sieht er durch Selbstzeugnisse Schillers gestützt. Dieser schrieb nach Abschluss der *Ästhetischen Briefe* an Fritz Reichardt: „Es ist im buchstäblichsten Sinne wahr, daß ich gar nicht in meinem Jahrhundert lebe; und ob ich gleich mir habe sagen lassen, daß in Frankreich eine Revolution vorgefallen, so ist dies ohngefähr das wichtigste, was ich davon weiß."[25] Auch habe Schiller, so Floß, überhaupt gar keine Zeitungen gelesen und könne daher nicht wirklich politisch interessiert und informiert gewesen sein.[26] Für ihn steht fest, dass „für die Bewältigungen

---

18 Cho 1997, S. 217.
19 Schmitz 1992, S. 13.
20 A.a.O., S. 12f.
21 A.a.O., S. 13f.
22 Floß 1989, S. 10. Floß zitiert seinerseits Berghahn 1986, S. 198. Das Zitat lautet vollständig: „Verwundert stellt man nach der Lektüre des Briefwechsels [Körner und Schiller; M.G.] fest, wie wenig sich die Freunde durch die turbulenten politischen Geschehnisse der Zeit aus ihrem ästhetischen Gleichgewicht bringen ließen, ja es liegt nahe zu vermuten, daß ihnen Probleme der Ästhetik und Poetik wichtiger waren als solche des politischen Lebens."
23 Berghahn 1986, S. 199.
24 Floß 1989, S. 11f.
25 Zit. nach a.a.O., S. 10. Vgl. hierzu Alt 2000, S. 124: „Es wäre falsch, derartige Formulierungen als Zeichen einer unpolitischen Haltung zu werten."
26 Vgl. a.a.O., S. 11. „Noch ein paar politische Neuigkeiten, da Du *keine* Zeitung liest." (Brief Körners an Schiller vom 2.5.1787) Zit. nach a.a.O., S. 198. Bekannt und oft zitiert ist die Reaktion Schillers auf die Enthauptung Louis' XVI. in den sog. *Kallias-Briefen*: „Ich kann seit 14 Tagen keine franz[ösische] Zeitung mehr lesen, so ekeln diese elenden Schinderknechte mich an." (Brief an Körner vom 8.2.1793) Zit. nach Berghahn 1986, S. 198. Wieso insbesondere Floß allerdings vom Zustand des keine Zeitungen lesenden Schiller im Jahre 1787 ohne weiteres auf einen im Jahre 1793 schließt, wird nicht ganz klar. „Noch im November 1792 verfolgt er [Schiller; M.G.] die Verhandlun-

des täglichen sozialen und politischen Lebens [...] Schillers ästhetische Utopie keine Hinweise"[27] gibt. Vielmehr habe er sich mit sich selbst und seinen persönlichen Problemen beschäftigt. Handelt es sich also bei Schillers als politisch deklarierte um gar keine wirklich politische Stellungnahme? Ist die Packung mit dieser Aufschrift eine Mogelpackung, und enthält sie eine ästhetische Theorie, mithin eine realitätsferne Künstler-Utopie, der Schiller einen politischen Anstrich verleiht?

Für Uta Kösser, die sich in Anlehnung an Odo Marquard die Frage stellt, ob „das Schöne *Instrument* oder *Ersatz* der politischen Verwirklichung der geschichtlichen Vernunft" und damit der Freiheit ist, „tendiert" Schillers „Antwort" auf die drängenden Fragen der französischen Revolution „zum Ersatz"[28]. Nicht zuletzt gibt die Ankündigung in den *Horen* selbst Anlass, die *Ästhetischen Briefe* als um der Unterhaltung willen absichtlich apolitisch zu klassifizieren:

> „Zu einer Zeit, wo das nahe Geräusch des Krieges das Vaterland ängstiget, wo der Kampf politischer Meynungen und Interessen diesen Krieg beinahe in jedem Zirkel erneuert, und nur allzuoft Musen und Grazien daraus verscheucht, wo weder in den Gesprächen noch in den Schriften des Tages vor diesem allverfolgenden Dämon der Staatscritik Rettung ist, möchte es eben so gewagt als verdienstlich seyn, den so sehr zerstreuten Leser zu einer Unterhaltung von ganz entgegengesetzter Art einzuladen." (AH, S. 195)

Die *Horen*, mithin die *Ästhetischen Briefe,* sollen für eine dem politischen Meinungsstreit entgegengesetzte Unterhaltung sorgen. Wird hier anstelle einer politischen Stellungnahme also in erster Linie ein realitätsferner ästhetizistischer Eskapismus vertreten?

Norbert Oellers sieht das anders. Denn trotz der Ankündigung in den *Horen* „wusste [Schiller] natürlich schon, dass sich sein Versprechen, die Zeitschrift werde mit Politik nichts zu tun haben, nicht erfüllen werde."[29] Eher genau das Gegenteil sei mit den *Ästhetischen Briefen* eingetreten: „Am entschiedensten [...] bezog der Herausgeber [der Horen, nämlich Schiller; Anm. M.G.] selbst im [...] Beitrag [...] *Ueber die ästhetische Erziehung des Menschen* [...] politisch Position, freilich mit der erklärten Absicht, einen Weg aus den beklagenswerten Zuständen seiner Zeit zu weisen."[30] Oellers nimmt wohl die Selbstauskunft

---

    gen der Nationalversammlung mit einer gewissen Sympathie. Seine wesentliche Informationsquelle bildet in dieser Phase die 1789 gegründete *Gazette nationale ou le Moniteur universel*, ein politisches Tagesjournal, das ihn gründlich [...] unterrichtet." (Alt 2000, S.119) Diese Zeitung empfiehlt er Körner in einem Brief vom 26.11.1792. (Vgl. NA 26, S. 169f.)
27 Floß 1989, S. 102.
28 Kösser 2006, S. 149.
29 Oellers 2006, S. 465.
30 A.a.O., S. 466.

Schillers, „durch die Zeitumstände so nachdrücklich aufgefordert" (ÄE, S. 9) worden zu sein, politisch Stellung beziehen zu müssen, als Garant dafür, dass es sich tatsächlich um eine politische Position handelt, auch wenn ästhetische Unterhaltung angekündigt worden war.

Benno von Wiese wiederum kommentiert das Spannungsverhältnis politischer und ästhetischer Implikationen Schillers Schrift folgendermaßen: „Nur eine Interpretation der ästhetischen Schriften Schillers, die das polare Spannungsverhältnis von *Kunst und Politik* nicht übersieht, wird Schillers um 1794 einsetzende Abkehr vom politischen Tagesgeschehen angemessen zu deuten imstande sein. Was sich hier ereignet, ist selber noch eine *politische Entscheidung.*"[31] Überdies bedeutet die Abkehr Schillers vom politischen Tagesgeschehen nicht automatisch, dass damit einhergehend auch keine politische Theorie mehr gelingen könnte. Und auch die Ankündigung tagespolitikferner Unterhaltung oder die Behandlung einer ästhetischen Theorie (1. Brief) schließt eine ernstzunehmende politische Theorie nicht prinzipiell aus.

So sieht Rolf-Peter Janz in den *Ästhetischen Briefen* „augenscheinlich" den Versuch, „ästhetische und politische Theorie zu verschränken."[32] Er führt an, dass Schiller in einem Brief an Christian Garve „vom 25.I.1795 [...] die Abhandlung sein ‚politisches Glaubensbekenntniß' genannt"[33] hat. Und auch schon einige Monate zuvor, am 20.10.1794, schrieb Schiller an Goethe: „Ich habe über den politischen Jammer noch nie eine Feder angesetzt, und was ich in diesen Briefen davon sagte, geschah bloß, um in alle Ewigkeit nichts mehr davon zu sagen; aber ich glaube, daß das Bekenntniß, das ich darinn ablege, nicht ganz überflüssig ist."[34]

Schiller scheint also während der Herstellung der *Ästhetischen Briefe* selbst davon überzeugt gewesen zu sein, eine verwertbare politische Stellungnahme liefern zu können. Ehrhard Bahr hält sie für „*seine ästhetische Gegenkonzeption gegen den Terror der Revolution.*"[35] Und auch für Martin Heidegger sind „diese Briefe [...] der erste bewußte und große Gegenschlag gegen die *französische Revolution*. Nur wenn wir die Briefe in diesem Blickbereich sehen, sehen wir ihre eigentliche Bedeutung."[36] Aber worin besteht dieser ‚Gegenschlag' gegen den ‚politischen Jammer' der gescheiterten Französischen Revolution? Finden sich am Ende in Schillers *Ästhetischen Briefen* Elemente einer politischen Theorie?

---

31 Wiese 1959, S. 503 (Herv. M. G.).
32 Janz 1998, S. 613.
33 Dto.
34 SB IV, S. 40.
35 Bahr 2004, S. 52.
36 Heidegger 2005, S. 13.

Carolin Jank, die Schiller „dieselbe Energie und Intention politischen Denkens wie Plato"[37] zuerkennt, bejaht diese Frage ohne weiteres. Für sie sind Schillers *Ästhetische Briefe* der klassischen politischen Philosophie angemessen:

> „Das politische Problem im Denken ist – in jeder Gestalt der klassischen politischen Philosophie [...] – der doppelte Übergang vom »Naturstand« (status naturalis) in den »Stand der Verträge« (status civilis) und vom Notstaat oder dem »physischen Staat« in den Vernunftstaat oder den »sittlichen Staat«. Schiller verwendet alle vier Grundworte der politischen Philosophie".[38]

Ähnlicher Meinung ist Franz Suppanz. Er schreibt Schillers – auch in seinem sonstigen Werk vorhandener – „politische[r] Kritik [...] in den 1790ern [...] einen philosophisch-systematischen Stellenwert"[39] zu: „Durch die Ereignisse im Verlauf der Französischen Revolution von 1789 fühlte sich Schiller herausgefordert, eine Alternative zur politischen Anarchie und dem Terror [...] zu formulieren"[40]. Diese Alternative ist nach Rose Riecke-Niklewski die „politische und gesellschaftliche Versöhnung als das Ziel seiner Idee ästhetischer Erziehung"[41]. Auch Dieter Borchmeyer sieht die „Ästhetische Erziehung als eine politische Propädeutik"[42] in diesem Sinne an. Für ihn ist es darüber hinaus „deutlich genug [...], daß die Autonomieästhetik [...] durchaus nicht eine Entpolitisierung der Kunst bedeutet, daß im Gegenteil die Idee der ästhetischen deutlich von der Idee der politischen Autonomie abgeleitet [...] bleiben soll."[43] Zumindest ähnlich sieht Rüdiger Safranski in den *Ästhetischen Briefen* eine Weiterentwicklung der „Gedanken der ästhetischen *Liberalität*", die Schiller bereits in *Über Anmut und Würde* entwickelte, „zu einer politischen Kulturtheorie"[44]. Seiner Meinung nach „spricht" in den *Ästhetischen Briefen* „der Republikaner [...], wenn Schiller den *Bau* der politischen Freiheit als das *vollkommenste aller Kunstwerke* bezeichnet. Daran mitzuwirken bleibt für Schiller, der inzwischen Abstand zur Tagespolitik hält, offenbar die vornehmste Aufgabe."[45]

Ist also umsonst eine Instrumentalisierung der politischen Position befürchtet worden? Liegt gar der Primat auf dieser politischen Position?

Karl Menges legt dies nahe. Er sieht in der Abhängigkeit des Ästhetischen vom Politischen letztlich den Grund für das Scheitern der Schillerschen Autonomie-Ästhetik. Denn Schiller instrumentalisiere die Kunst um der Politik wil-

---

37 Jank 1999, S. 88.
38 Dto.
39 Suppanz 2000, S. 1.
40 A.a.O., S. 2.
41 Riecke-Niklewski 1986, S. 109.
42 Borchmeyer 1990, S. 280.
43 A.a.O., S. 283.
44 Safranski 2005, S. 25.
45 Safranski 2004, S. 410.

len, so dass „sie zum politischen ‚Werkzeug' reduziert"[46] wird, wodurch sie ihre Autonomie einbüße. Walter H. Sokel sieht dagegen „die politische Funktion botschaftsloser Kunst"[47] darin, dass Kunst nicht direkt politisch instrumentalisierbar ist und dennoch gerade deshalb eine spezifische politische Funktion zur Gewinnung von Freiheit ausüben kann.

Sortiert man die zusammengetragenen Positionen anhand der Frage, ob Schillers *Ästhetische Briefe* tatsächlich eine politische Position, mithin eine sinnvolle Antwort auf die drängenden Fragen der französischen Revolution darstellen, ergibt sich folgendes Schema:

A) Schillers *Ästhetische Briefe* stellen keine politische Position dar und haben keine wirkliche politische Relevanz (Floß). Vielmehr handelt es sich um eine Künstler-Utopie. Die Instrumentalisierung der *politischen Diskussion* geschieht um der eigenen *Positionierung als Künstler* (Reuter) oder der *ästhetischen Theorie*, mithin der Begründung ihrer Autonomie willen, wobei die politische Diskussion nur vorgetäuscht ist (Cho).

B) In den *Ästhetischen Briefen* sind *politische* und *ästhetische Diskussion* miteinander verschränkt (Janz). Dies kann wiederum Koordination (Sokel) oder Subordination bedeuten, wobei dann entweder dem *Politischen* (Menges) oder dem *Ästhetischen* der Primat zugesprochen werden kann. Wie dem auch sei, enthalten die *Ästhetischen Briefe* nachgewiesenermaßen klassische Elemente *politischer Theorie* (Jank). Sie stellen einen Antwortversuch Schillers auf die drängenden Fragen der französischen Revolution dar (Heidegger).

Diametral verschiedene Positionen bestehen nicht nur bezüglich der Qualifizierung der *Ästhetischen Briefe* als ästhetisch/apolitsch oder politisch. Auch wenn ihnen eine politische Position zugestanden wird, existiert eine unübersehbar breite Diskussion bezüglich der Tauglichkeit oder Untauglichkeit der Schillerschen Antworten bezüglich der französischen Revolution.[48]

Diese widersprüchlichen Stellungnahmen legitimieren eine erneute Untersuchung der *Ästhetischen Briefe* bezüglich ihres politischen Gehalts, der noch bei weitem nicht ‚ausinterpretiert' ist. Helmut Koopmann hat darauf hingewiesen, dass „es nicht zuletzt Schillers bewegliches Spiel mit immer wieder neu definierten Begriffen gewesen [ist], was die Diskussion aufrechterhalten hat – es sind auch die verborgenen Widersprüche in Schillers Denken, ist seine scheinbare Versöhnungsstrategie, die eigentlich unversöhnliche Begriffe aneinanderbin-

---

46 Menges 1982, S. 194.
47 Sokel 1990, S. 264ff.
48 Vgl. hierzu bspw. Schmitz 1992, S. 13, Anm. 34; Berghahn in ÄE, S. 284ff.; Zelle 2005, S. 437ff.

det und in einem höheren Dritten umfassen soll."⁴⁹ Diese Auffassung ist keineswegs neu. Bereits zeitnah zur Entstehung ist die schwere Verständlichkeit des Schillerschen Textes moniert worden. So klagt Johann Gottlieb Fichte am 27. Juni 1795: „Ich muß alles von Ihnen erst übersetzen, ehe ich es verstehe; und so geht es andern auch."⁵⁰ Oft wird dieser Umstand nicht ausreichend berücksichtigt.

Ein weiterer Umstand dürfte dafür mitverantwortlich sein, dass die Einschätzung des politischen Gehalts so differierend ausfällt. Um erstens beurteilen zu können, ob es sich bei den *Ästhetischen Briefen* um eine politische Position handelt, und zweitens, wie es um deren politische Verwertbarkeit steht, bedarf es einer Definition, was unter politisch zu verstehen ist. Da das in der Literatur zumeist implizit geschieht, soll an gegebener Stelle der Versuch einer expliziten Definition unternommen werden.⁵¹ Im Verlauf der Arbeit wird dann auch der bisher nicht weiter kommentierte Begriff der „Utopie" eine nähere Bestimmung erfahren.

1.2 Fragestellung und methodische Vorgehensweise

Bevor eine Einschätzung der *Ästhetischen Briefe* als politische Position zur Revolution gewagt werden kann, muss zunächst die Schillersche Argumentation rekonstruiert werden. Er selbst stellt sich die Aufgabe, sich „mit dem vollkommensten aller Kunstwerke, mit dem Bau einer wahren politischen Freyheit zu beschäftigen" (ÄE, S. 9). Die zentrale Fragestellung dieser Arbeit lautet daher: Was meint Schiller mit „*wahrer politischer Freyheit*", wie meint er diese erreichen zu können, und wie schätzt er selbst seine Theorie ein?

Diese Frage soll anhand einer ausführlichen Interpretation der *Ästhetischen Briefe* geklärt werden. Das Hauptaugenmerk liegt dabei auf ihrem Argumentationsgang, der darum en detail rekonstruiert wird. Zum besseren Verständnis dieser anspielungsreichen Schrift werden weitere schriftliche Zeugnisse Schillers herangezogen.

Eine Interpretation der *Ästhetischen Briefe* muss mindestens drei Rahmenbedingungen, die wiederum miteinander in Zusammenhang stehen, besonders berücksichtigen. Sie sind für die Deutung dieser Schrift so unerlässlich, dass sie bereits an dieser Stelle genannt werden.

---

49 Koopmann 1998, S. 921. Auch Hans-Georg Pott stellt zu recht fest, dass „kaum eine Schrift Schillers […] so wenig oder so missverstanden worden" ist. (Pott 1980, S. 8.)
50 Berghahn in ÄE, S. 274.
51 Die einzige mir bekannte explizite Definition in diesem Kontext findet sich bei Oellers, der den Schillerschen Politikbegriff wie folgt rekonstruiert: „Politik – bestimmt als Ausübung physischer Macht" (Oellers 2006, S. 474). Ich unternehme einen Definitionsversuch in Anm. 200 auf S. 95.

Zum ersten dürfte es für die 1795 in den *Horen* erschienenen *Ästhetischen Briefe* von Bedeutung sein, dass sie ihre Entstehung nicht nur einem Stipendium durch einen Monarchen, den Prinzen Friedrich Christian von Schleswig-Holstein-Sonderburg-Augustenburg, verdanken. Vielmehr stellen die *Augustenburger Briefe*, welche Schiller 1793 an den Prinzen als Dank für dessen Großzügigkeit schrieb, die direkten Vorläufer der *Ästhetischen Briefe* von 1795 dar. Dieser Umstand veranlasst Klaus L. Berghahn zu der wichtigen Annahme, es handle sich bei Schillers Schrift ursprünglich um einen „Fürstenspiegel, jener literarischen Gattung der frühen Neuzeit, in der Intellektuelle ihre absolutistischen Herrscher beeinflussen wollten, ihre Regierung nach aufgeklärten und damit humaneren Prinzipien einzurichten."[52] Man sollte den ursprünglichen Adressaten bei der Lektüre mit bedenken, mithin die Tatsache, dass Schiller (als Republikaner![53]) in dessen Schuld stand, was sich auf Form und Inhalt der Briefe ausgewirkt haben dürfte.

Als zweites sind jene „Zeitumstände" (ÄE, S. 9), auf die Schiller nachdrücklich verweist, genauer zu untersuchen.[54] Schillers Berufung auf „Kantische Grundsätze" (ÄE, S. 8) ist hier ebenso von Belang wie die Französische Revolution. Auch wenn (wohl mit einigem Recht) argumentiert wird, dass Schillers „Programm der ästhetischen Erziehung ‚bereits am Ende der achtziger Jahre [...] in allen wesentlichen Elementen voll ausgebildet' war"[55], so gewinnt dieses Programm doch vor dem Hintergrund der Zeitumstände eine bedeutsame politische Aktualisierung.

Drittens erscheint es fruchtbar, Schillers *Ästhetische Briefe* der Gattung „Essay"[56] zuzuordnen. Erst die Klassifizierung als „absichtsvoll zwitterhaftes Gebilde" „aus Poesie und Wissen"[57] ermöglicht eine umfassendere Interpretation seiner Schrift, als dies oft der Fall ist, wenn man sie entweder *nur* philosophisch oder gar *nur* poetisch[58] gelesen wird. Man bedenke: Schiller ist Mediziner, Dichter, Historiker mit „philosophische[m] Kopf" (UG, S.8), ein „Selbstdenker" (ÄE, S. 10), der „die W a h r h e i t i m m e r m e h r g e l i e b t [hat] a l s s e i n S y s t e m" (UG, S. 11). Helmut Harald Reuter hält ihn gerade deshalb „für den ersten neuzeitlichen Intellektuellen im deutschen Sprachraum"[59]. Eine detaillierte Untersuchung der Form bzw. des „philosophischpoetischen" (AB, S.

---

52 Berghahn 1982, S. 150.
53 Vgl. Borchmeyer 1990, S. 280.
54 Vgl. Berghahn 1982, S. 150ff., sowie Anm. 18.
55 Floß 1989, S. 13. Floß seinerseits zitiert Dahnke 1981, S 113. Dahnke rekonstruiert in seinem Beitrag „Schillers Konzept der ästhetischen Erziehung" anhand der beiden Gedichte *Die Götter Griechenlands* und *Die Künstler*.
56 Berghahn 1982, S. 150. Vgl. hierzu auch Bernd Bräutigam in Wittkowski 1990, S. 292: „Ich glaube, man muß Schiller stärker in die essayistische Tradition einordnen".
57 Schlaffer 2004, S. 3.
58 Vgl. Floß 1989.
59 Reuter 1982, S. 31.

131) Stils wird unerlässliche Erkenntnisse für die Interpretation bereitstellen, die leider oft übergangen werden.

Die beiden ersten Punkte, die den Entstehungszusammenhang der *Ästhetischen Briefe* betreffen, werden im gleichnamigen nächsten Kapitel behandelt.

Der dritte besonders zu berücksichtigende Punkt über den essayistischen, „philosophischpoetischen" Stil Schillers wird im Anschluss an die Interpretation untersucht. Das Werk ist nämlich in vielerlei Hinsicht ein „Zwitterding"[60].

Um die gründliche Untersuchung dieser ‚Zwitterstruktur' hat sich Elisabeth Mary Wilkinson sehr verdient gemacht. Der Autor, der – Wilkinson berücksichtigend – vielleicht als einziger die Wichtigkeit aller drei Aspekte erkannt und mit großer Sorgfalt in verschiedenen Arbeiten untersucht und miteinander in Beziehung gesetzt hat, ist Klaus L. Berghahn. Seine Arbeiten verdienen am Ende dieser Einleitung besondere Erwähnung. Sie zählen zu den umsichtigsten und ertragreichsten.

---

60 Wilkinson 1959, S. 415.

2. Entstehungszusammenhang der *Ästhetischen Briefe*

2.1 Von den *Augustenburger Briefen* zu den *Ästhetischen Briefen* oder Kritik an Absolutismus und Revolution

Bei den *Ästhetischen Briefen* handelt es sich um insgesamt 27 Briefe, welche Schiller in seinem Journal, den *Horen*, in drei Teilen (1. – 9. Brief am 15. Januar 1795; 10. – 16. Brief am 20. Februar 1795 und 17. – 24. Brief am 22. Juni 1795) veröffentlichte. Den *Ästhetischen Briefen*, die „wirklich geschrieben [wurden]; an Wen? tut hier nichts zur Sache"[61], ging tatsächlich eine postalische Korrespondenz voraus. Es handelt sich dabei um die Briefe, die Schiller 1793 an den Prinzen Friedrich Christian von Schleswig-Holstein-Sonderburg-Augustenburg schrieb. Dieser hatte Schiller, der 1791 so schwer erkrankte, „dass sich bereits die Nachricht verbreitete, Schiller sei gestorben"[62], zur Entlastung für die Zeit von drei Jahren ein Stipendium gewährt. Als Dank erhielt er eine Sammlung von Briefen, die so genannten *Augustenburger Briefe*, die allerdings „bei einem Brand des Schlosses Christiansborg in Kopenhagen […] am 26. Februar 1794" allesamt vernichtet wurden. Lediglich „Abschriften von sechs Briefen blieben erhalten". Zu erwähnen ist, dass Schiller die erhaltenen *Augustenburger Briefe* in seine Abhandlung nicht nur als eine Art „Einleitung zur ästhetischen Erziehung"[63] hat einfließen lassen, sondern auch die Briefform beibehielt. Schiller beschrieb die „epistularische Form" selbst als „eine Ungeschicklichkeit", wollte sie aber aus Gründen der „Echtheit"[64] nicht verleugnen. Es könnte auch sein, dass Schiller, da er durch Ausfall anderer Autoren in einiger Eile Beiträge für sein eigenes Journal liefern musste, die Form aus Zeitnot nicht überarbeitete. Diese Vermutung wird dadurch gestützt, dass die ersten neun der *Ästhetischen Briefe* „im wesentlichen" den erhaltenen *Augustenburger Briefen*[65] entsprechen. Darüber hinaus ist die Abhandlung als Ganzes zum Zeitpunkt der Veröffentlichung der ersten Abteilung im Januar 1795 noch nicht fertig gestellt. Schiller beendet seine Arbeit erst im Juni desselben Jahres.[66]

Die Beibehaltung der Form kann dessen ungeachtet aber auch als Geste der Dankbarkeit seinem Augustenburger Mäzen gegenüber gedeutet werden. Zwar wird der Gönner nicht namentlich in den Horen genannt, Schiller plante aber immerhin eine ihm gewidmete Prachtausgabe, die allerdings nie zustande kam.[67]

---

61 Zit. nach Berghahn in ÄE, S. 214.
62 Oellers 2006, S. 74.
63 Berghahn in ÄE, S. 207.
64 A.a.O., S. 214.
65 Vgl. a.a.O., S. 208f.
66 Vgl. Zelle 2005, S. 443.
67 Vgl. Berghahn in ÄE, S. 209.

Die Verbindung mit der ursprünglichen Korrespondenz lassen die *Ästhetischen Briefe* noch im Licht eines *Fürstenspiegels* erscheinen. So schrieb Schiller dem Prinzen: „Politische und bürgerliche Freiheit bleibt immer und ewig das Heiligste aller Güter, das würdigste Ziel aller Anstrengungen und das große Zentrum der Cultur" (Brief vom 13. Juli 1793; AB, S. 140). Es zeigt sich der klare Versuch, den Monarchen für republikanische Ideale zu gewinnen. Dies gilt auch, wenn Schiller seine klare Stellungnahme strategisch geschickt mit der Feststellung flankiert, dass deren Verwirklichung zumindest „für mehr als ein Jahrhundert" „nichts als ein schöner philosophischer Traum bleiben" dürfte. Die Zeit ist noch nicht reif, solange, „was hier zehn große Menschen aufbauten, [...] dort funfzig Schwachköpfe wieder niederreissen." (AB, S. 140)[68] Und wenngleich das Ziel ganz klar ein republikanisches ist, geht Schiller zur gewaltsamen Revolution auf Distanz:

> „Der Versuch des Französischen Volks, sich in seine heiligen Menschenrechte einzusetzen, und eine politische Freiheit zu erringen, hat bloß das Unvermögen und die Unwürdigkeit desselben an den Tag gebracht, und nicht nur dieses Volk, sondern mit ihm auch einen beträchtlichen Theil Europens, und ein ganzes Jahrhundert, in Barberey und Knechtschaft zurückgeschleudert." (AB, S. 137)

Aufgrund dieser ablehnenden Haltung gegenüber der französischen Revolution befindet sich Schiller zunehmend in Übereinstimmung mit einer weiteren, für ihn zunehmend wichtigen Person:

> „Daß Goethes Bündnis mit Schiller in das Jahr 1794 fällt, ist [...] von den politischen Implikationen dieses Bündnisses her kein Zufall. Erst seit 1793 haben sich die politischen Standpunkte Goethes und Schillers einander so weit angenähert, daß eine Koalition aus dem Geiste des Widerspruchs zur Revolution zustande kommen konnte."[69]

Ihre Bekanntschaft ereignete sich ziemlich genau zwischen den *Augustenburger* und den *Ästhetischen Briefen*. Schiller teilte mit Goethe die Bevorzugung der Reform bzw. Evolution im Gegensatz zur Revolution. Bekanntermaßen war er mit einer öffentlichen Stellungnahme für den inhaftierten französischen König Louis XVI. beschäftigt, als er von dessen Hinrichtung Kenntnis erhielt, was ihn

---

68 Vgl. Alt 2000, S. 114: „'Es ist sehr interessant, gerade in der jetzigen Zeit ein gesundes Glaubensbekenntniß über Revolutionen abzulegen, und da es schlechterdings zum Vortheil der Revolutionsfeinde ausfallen muß, so können die Wahrheiten die den Regierungen nothwendig darinn gesagt werden müssen, keinen gehäßigen Eindruck machen.' (NA 26, S. 164) Schiller umreißt hier nicht allein eine historisch begründete Kritik revolutionärer Gewalt, sondern ebenso das Konzept der taktisch möglichst geschickt abgesicherten Fürstenerziehung – eine mittlere Linie".
69 Borchmeyer 1998, S. 255.

zutiefst anekelte.[70] Vor dem Hintergrund eines mit der französischen Revolution verbundenen „Ochlokratietrauma[s]"[71] Schillers lassen sich seine *Ästhetischen Briefe* dem „Standort der Weimarer Klassik" entsprechend als „metapolitisches Jenseits von Ancien Régime und Revolution"[72] deuten. Sein Standpunkt ist gleichermaßen entfernt vom (dänischen) Monarchen, dem er viel verdankt und er Respekt zollt[73], wie vom revoltierenden Pöbel (‚Schwachköpfe'), mit dem er aber in gewisser Hinsicht das Ideal der ‚bürgerlichen und politischen Freiheit' teilt.[74] Schiller nimmt eine *mittlere* Position oder „eine mittlere Linie"[75] ein, die gleichsam *außerhalb* liegt. Und er nimmt eine *vermittelnde* Position ein.[76] Es wird zu sehen sein, dass sich Schillers Ideal des *Mittleren* wie auch der *Vermittlung* (Erziehung!) mit dem der *Zwanglosigkeit* auf das Engste zusammenhängt. Auch wenn sich dieser Zusammenhang in seinen *Ästhetischen Briefen* in einem völlig anderen Gewand zeigen wird, richtet sich auch dort Schillers Ideal der Freiheit gegen fast jede Form von Zwang, man kann auch sagen Gewalt[77],

---

70 „Kaum kann ich der Versuchung widerstehen, mich in die Streitsache wegen des Königs einzumischen, und ein Memoire darüber schreiben. Mir scheint diese Unternehmung wichtig genug, um die Feder eines Vernünftigen zu beschäftigen; und ein deutscher Schriftsteller, der sich mit Freiheit und Beredsamkeit über diese Streitfrage erklärt, dürfte wahrscheinlich auf diese richtungslosen Köpfe einigen Eindruck machen." (Brief an Körner vom 21.12.1792; NA 26, S. 171f.) Doch Schiller war nicht schnell genug: „Ich habe wirklich eine Schrift für den König schon angefangen gehabt, aber mir wurde nicht wohl darüber, und da ligt [sic] sie mir nun noch da. Ich kann seit 14 Tagen keine *französischen* Zeitungen mehr lesen, so ekeln diese elenden Schinderknechte mich an." (Brief an Körner vom 8.2.1793, NA 26, S. 183) Weitere Informationen finden sich bei Alt 2000, S. 120f.
71 Zelle 2005, S. 413.
72 Borchmeyer 1998, S. 255.
73 Man darf in diesem Zusammenhang auch nicht vergessen, dass Schiller in seiner Jugendzeit bereits von Herzog Carl Eugen von Württemberg bevormundet wurde, ihm aber auch eine umfangreiche Ausbildung an dessen Carlsschule verdankt, ohne der vielleicht nie geworden wäre, was er wurde. Vgl. Strack 1988 und Oellers 2005.
74 „Nicht das politische Ziel der Revolution, die bürgerliche Freiheit von staatlicher Observanz und Bevormundung, hat Schillers Kritik herausgefordert, sondern der revolutionäre Prozeß, die in den ‚terreurs' zum Vorschein kommende Grausamkeit der revolutionären Gewalt, der selbst der König, unversehens zum Bürger unter Bürgern geworden, zum Opfer fallen sollte" (Tschierske 1988, S. 51).
75 Alt 2000, S. 114.
76 Es ist nicht von ungefähr, dass Schiller, der wohl immer irgendwie zwischen den Stühlen saß, zur feierlichen Verleihung des Reichsadelsdiploms 1802 nicht darauf verzichten wollte, in der selbstverfassten Ankündigung hierzu auf seine Ehrenbürgerschaft der Französischen Republik hinzuweisen. Die französische Nationalversammlung nahm die offizielle Ernennung 1792 vor. Das Diplom erhielt Schiller aber erst Anfang März 1798, da es aufgrund der unbekannten Adressierung »M. Gille Publiciste Allemand« geraume Zeit in Straßburg lag. Vgl. Oellers 2005.
77 Es ist Schiller von verschiedenen Seiten vorgeworfen worden, Tendenzen der Unterdrückung, des Zwangs und der Gewalt in seinen *Ästhetischen Briefen* verschleiern zu wol-

gleichviel, ob diese absolutistischen oder revolutionären Prinzipien verpflichtet ist. Auch für den Weg zur Freiheit, welchen zu weisen die Aufgabe der *Ästhetischen Briefe* sein wird, gilt der Imperativ der *Zwanglosigkeit*. Sie ist das, was *jenseits* der Politik – bestimmt als Zwang – liegt. Und sie ist das metapolitische Prinzip, das der wahren Freiheit zugrunde liegt: „F r e y h e i t z u g e b e n d u r c h F r e i h e y t" (ÄE, S. 120)! Schiller hat dabei stets die Freiheit aller im Sinne. Die Freiheit aller wiederum ist mit Pflichten für jeden einzelnen verbunden. Das weiß auch Schiller. Aber das Ideal der Zwanglosigkeit verbietet die Verpflichtung des einzelnen, weshalb Schiller bereits in seiner 1793 erschienen Schrift *Über Anmut und Würde* konstatiert:

> „Tugend ist nichts anderes »als eine Neigung zu der Pflicht«. Wie sehr also auch Handlungen aus Neigung und Handlungen aus Pflicht in objectivem Sinne einander entgegenstehen, so ist dies doch in subjectivem Sinn nicht also, und der Mensch *darf* nicht nur, sondern *soll* Lust und Pflicht in Verbindung bringen; er soll seiner Vernunft mit Freuden gehorchen." (AW, S. 106f.)

Damit wird einer äußeren Verpflichtung, beispielsweise qua Gesetzes-Zwang, zuvorgekommen. Auch einer einseitigen inneren Verpflichtung qua Vernunftgesetz auf Kosten der Neigung soll zuvorgekommen werden. Hier klingt bereits eine Kritik an Kant an, die im Folgenden ausführlicher zu behandeln sein wird.

2.2 Von den *Kallias-Briefen* zu den *Ästhetischen Briefen* oder Kritik Kants und Rousseaus[78]

Schiller folgte erst spät dem Rat seines Dresdner Freundes Christian Gottfried Körner, die Schriften Immanuel Kants zu studieren. Allerdings war er auch mit allerlei anderen Projekten beschäftigt. Erst die krankheitsbedingte Entbindung von seinen Pflichten als Professor der Philosophie an der Universität Jena, wo er sich hauptsächlich mit Geschichte aber auch Ästhetik beschäftigte, ermöglichte es Schiller letztlich, diesem Rat zu folgen. Im Februar 1791 begann er auf dem Krankenlager mit der Lektüre der Hauptschriften Kants.[79] Diese Beschäftigung findet in „Schillers philosophischen Schriften der Jahre 1791-95, beginnend mit *Ueber den Grund des Vergnügens an tragischen Gegenständen* [bereits ab 1790], endend mit *Ueber naive und sentimentalische Dichtung* [erschienen

---

len, beziehungsweise auf andere Ebenen zu transferieren. Vgl. hierzu: Brokoff 2006, Zelle 2005, Hofmann 2003 und Riecke-Niklewski 1986.

78 Man kann Schillers Kritik als genitivus subjectivus und objectivus lesen. Es bedeutet eine Übernahme von Teilen der Kritik, die Kant und Rousseau äußerten, wie es eine Kritik an deren Kritik darstellt.

79 Vgl. Oellers 2006, S. 76.

1795/96 in den Horen], ihren Niederschlag"[80]. Auf zwei Aspekte, die für die *Ästhetischen Briefe* von besonderer Bedeutung sind, sei hier verwiesen. Zunächst ist das der Versuch in den *Kallias-Briefen* an Körner, einen „sinnlich-objektiv[en]" (KB, S. 5) „Begriff der Schönheit" gegenüber einem bloß „subjektiv–rational[en] (wie Kant)" (KB, S. 6)[81] zu gewinnen. Schiller meint, diesen in der „Analogie einer Erscheinung mit der Form des reinen Willens oder der Freiheit" gefunden zu haben, was ihn zu folgender Definition führt: „Schönheit also ist nichts anders als Freiheit in der Erscheinung." (KB, S. 18)

Auch wenn Schönheit nicht selbst Freiheit ist, so geht es Schiller um die *„Freiheitähnlichkeit"* bzw. darum, dass ein „Gegenstand frei *erscheine*" (KB, S. 17.). Das die sittliche Freiheit und die Schönheit verbindende *Analogon* findet Schiller im „Voninnenbestimmtsein" bzw. „Nichtvonaußenbestimmtsein" (KB, S. 35).[82]

In jedem Fall erwähnenswert ist noch die Bestimmung der „Schönheit" als „Natur in der Kunstmäßigkeit" (KB, S. 37). Hier bringt Schiller den Begriff der ‚Natur' mit dem Begriff der ‚Freiheit' in Verbindung.[83] Die Natur ist nämlich, „was durch sich selbst ist" (KB, S. 37), also in gewisser Weise *nichtvonaußenbestimmt*. Dieser Gedanke taucht in veränderter Form in den *Ästhetischen Briefen*, die sich „nur auf dem Hintergrund der *Kallias*-Briefe gründlich deuten lassen"[84], wieder auf. Für die oben ausgeführte Freiheit von Zwang ist folgende Aussage noch von Bedeutung: „Schönheit ist durch sich selbst gebändigte Kraft, Beschränkung aus Kraft." (KB, S, 23) „Aus diesem Grunde ist das Maximum der Charaktervollkommenheit des Menschen moralische Schönheit, denn sie tritt alsdann ein, *wenn ihm die Pflicht zur Natur geworden ist.*" (KB, S. 32)

Hierin deutet sich neben dem Versuch der objektiven Bestimmung der Schönheit die zweite Korrektur an, die Schiller an Kant vornehmen möchte. Es handelt sich um das Bestreben, den Kantischen ‚Vernunftrigorismus' abzumildern. Die Schrift, die hierfür herangezogen wird, und die Kant selbst anerkennend als von

---

80 A.a.O., S. 77.
81 Schiller nennt aber in diesem Zusammenhang noch andere Theoretiker, gegen die er sich richtet, so auch Burke, Baumgarten und Mendelssohn.
82 Klaus L. Berghahn „akzeptiert" die Definition, auf die „Schiller intuitiv […] stieß", weist aber die wohl nachträglich gelieferte Beweisführung zurück. (Vgl. Berghahn in KB, S. 166f.)
83 Man könnte in einer gewissen Hinsicht behaupten, Schillers Naturbegriff sei die Antithese zu seinem Freiheitsbegriff. Denn die menschliche Freiheit besteht in der Überwindung des bloßen Bestimmtseins durch die Natur. Dennoch liegt einerseits die Bedingung für diese Überwindung in der *Natur des Menschen* selbst. Andererseits sieht Schiller die Entfernung oder Entfremdung von der Natur auch als problematisch an, indem er feststellt, dass „alle ohne Unterschied durch Vernünfteley von der Natur abfallen müssen, ehe sie durch Vernunft zu ihr zurückkehren können." (ÄE, S. 20)
84 Berghahn in KB, S. 160.

„Herrn Professor Schiller mit Meisterhand verfasste Abhandlung"[85] lobt, ist Schillers Aufsatz *Über Anmut und Würde*, welchen er 1793 im dritten Band seiner Zeitschrift *Neue Thalia* veröffentlichte: „In der Kantischen Moralphilosophie ist die Idee der *Pflicht* mit einer Härte vorgetragen, die alle Grazien davon zurückschreckt und einen schwachen Verstand leicht versuchen könnte, auf dem Wege einer finstern und mönchischen Asketik die moralische Vollkommenheit zu suchen." (AW, S. 107) In Schillers Interpretation zerlegt Kant den Menschen in Vernunft/Sittlichkeit einerseits und Sinnlichkeit andererseits, wobei es Schiller durchaus klar ist, dass „die menschliche Natur [...] ein verbundeneres Ganze[s] in der Wirklichkeit [ist], als es dem Philosophen, der nur durch Trennen was vermag, erlaubt ist, sie erscheinen zu erlassen." (AW, 110) Nach Kant soll die (praktische) Vernunft sich die Sinnlichkeit unterwerfen. Schiller kann diese rigorose Subordination unter die Vernunft aufgrund seines Ideals von *Zwanglosigkeit* nicht akzeptieren. Er überträgt die Forderung nach zwischenmenschlicher politischer auf diejenige nach innermenschlicher, psychischer Harmonie.[86] „Der Mensch unterdrückt entweder die Forderungen seiner sinnlichen Natur, um sich den höhern Forderungen seiner vernünftigen gemäß zu verhalten." (AW S. 102) Das „erinnert an eine Monarchie". (AW, S. 104) Oder er „ordnet den vernünftigen Teil seines Wesens dem sinnlichen unter" (AW, S. 102), was „an eine wilde Ochlokratie" (AW, S. 104) erinnert. Die sinnliche Natur des Menschen *soll* sich nicht prinzipiell dem Diktat, dem *Zwang* der Vernunft unterwerfen, auch wenn dies oft der Fall sein muss. Sie soll aber auch nicht die Vernunft beherrschen und dieser damit *Zwang* antun. Vielmehr *soll* der Mensch der von der Vernunft geforderten „Pflicht" mit sinnlicher „Neigung" *freiwillig* nachkommen. Er „*darf* nicht nur, sondern *soll* Lust und Pflicht in Verbindung bringen; er soll seiner Vernunft mit Freuden gehorchen." (AW, S. 106f.)

Weist Schiller am Beispiel Kants den unbedingten Primat der (praktischen) Vernunft in *Über Anmut und Würde* als zu einseitig zurück, spricht er sich in der gleichen Schrift bereits gegen die entgegengesetzte Übermacht der Sinnlichkeit aus. Er wird diese Gegenüberstellung *Vernunft* versus *Natur* in seinen *Ästhetischen Briefen* aufgreifen und darüber hinaus, auf die Französische Revolution anspielend, aussagekräftige empirische Zuordnungen treffen. Einerseits depravierte die Monarchie der Vernunft, die Schiller mit Kant in Verbindung gebracht hat, zur Terreur der Vernunft. Andererseits führt die Forderung „retour à la na-

---

85 Zit. nach Berghahn in KB, S. 148.
86 Was Schiller in diesem Zusammenhang *metaphorisch* ausführt, taucht in den *Ästhetischen Briefen* als handfeste „Homologie, d.h. [...] Entsprechung zwischen der Verfassung der Seele des Einzelmenschen und der Verfassung des Staates von Bürgern" (Jank 1999, S. 82) wieder auf. Carolin Jank weist darauf hin, dass Schiller die Homologie wohl von Platon übernommen haben dürfte.

ture" eines Jean-Jacques Rousseau[87], wenn sie falsch verstanden wird, geradewegs nicht zurück zum ‚guten Wilden', sondern in eine ‚*wilde* Ochlokratie' der wild- und damit unvernünftig gewordenen Massen. Schiller ist in seinen *Ästhetischen Briefen* bemüht, im Sinne einer *zwanglosen Harmonie* zwischen beiden Positionen, die er zu diesem Zweck zuspitzen wird, die er aber auch nicht gänzlich ablehnen wird, zu *vermitteln*. Dem Menschen soll die *Pflicht* (Kant) zur *Natur* (Rousseau) werden.[88]

Wie Schiller diese Vermittlung erreichen will, wird anhand der *Ästhetischen Briefe* zu klären sein.

---

87 Vgl. Jank 1999, S. 85. Mein Verweis auf Rousseau erfolgt an dieser Stelle aus systematischen Gründen und stellt einen Vorgriff dar, der im Zusammenhang mit den *Ästhetischen Briefen* geklärt wird.

88 Diese Gegenüberstellung soll nicht dazu verleiten, anzunehmen, hier würde von einem allzu platten Verständnis des Rousseauschen „retour à la nature" ausgegangen. Diesem Missverständnis ist Rousseau selbst zuvorgekommen und auch Schiller ist ihm nicht erlegen: „Wird man die Gesellschaften zerstören, das Mein und Dein aufheben und wieder in die Wälder zurückkehren müssen, um dort mit den Bären zusammenzuleben? Dies ist eine Folgerung, die vielleicht meine Gegner werden ziehen wollen. Ich will ihr ebenso gern zuvorkommen wie ihnen die Schande lassen, diese gezogen zu haben." (Rousseau 1997. S, 281, Zusatz IX; zit. nach Rotermundt 1997, S. 89)

3. Das Fehlen der Totalität verunmöglicht den „Bau einer wahren politischen Freyheit"[89]

3.1 Problemaufriss: durch die Schönheit zur Freiheit

Friedrich Schiller beginnt seine *Ästhetischen Briefe* mit dem Hinweis, dass es sich um „die Resultate meiner Untersuchungen ü b e r d a s S c h ö n e u n d d i e K u n s t" (ÄE, S. 7) handle, obwohl er „durch die Zeitumstände so nachdrücklich dazu aufgefordert wird, sich mit dem vollkommensten aller Kunstwerke, mit dem Bau einer wahren politischen Freyheit zu beschäftigen" (ÄE, S. 9). Aber der „reizenden Versuchung", den politischen Gegenstand zu verhandeln, gibt Schiller vor zu widerstehen. Er möchte „die Schönheit der Freyheit voran gehen lasse[n]", was er glaubt, „durch Grundsätze rechtfertigen zu können." Diese Aussage kann als Hinweis verstanden werden, warum Schiller die Briefe mit dem Schönen und der Kunst eröffnet, bevor er auf die drängenden politischen Fragen der Zeit zu sprechen kommt. Zunächst muss das Ästhetische eine Klärung erfahren, bevor das Politische in Angriff genommen werden kann. Daraus ergibt sich noch lange keine Hierarchie, aber eine zwingende Abfolge. Denn Schillers zentrale These besteht in der Behauptung, „dass man, um jenes politische Problem in der Erfahrung zu lösen, durch das ästhetische den Weg nehmen muß, weil es die Schönheit ist, durch welche man zur Freyheit wandert." (ÄE, S. 11)

Das Programm ist damit umrissen. Schiller scheint nicht vorzuhaben, auf die tagespolitischen Ereignisse einzugehen, da man, um jenes empirische politische Problem (die französische Revolution und ihr Scheitern!) lösen zu können, zunächst das Ästhetische theoretisch erörtern muss, wonach dann zu zeigen sein wird, wie der Weg von der Schönheit prinzipiell zur Freiheit führt. Wichtig ist die auffallende Betonung der Schönheit und der Kunst. Ästhetisch bedeutet im weiteren Sinn, von gr. αἴσθησις abgeleitet, ‚die sinnliche Wahrnehmung betreffend' und nur im engeren Sinn ‚die Schönheit oder die Kunst betreffend'. Schiller scheint von vornherein vor allem an der Schönheit gelegen zu sein.

Bevor Schiller den „Beweis" für seine These antritt, möchte er dem Leser „die Grundsätze in Erinnerung bringe[n], durch welche sich die Vernunft überhaupt

---

89 Bevor nun im Einzelnen auf die Argumentation und deren Gang innerhalb der *Ästhetischen Briefe* eingegangen wird, sei an dieser Stelle noch einmal und im Vorgriff darauf hingewiesen, dass es sich bei Schillers Schrift wohl am ehesten um einen Essay handelt, also einen Zwitter aus Wissenschaft und Poesie, aus Scharfsinn und Witz, mithin auch Ernsthaftigkeit und Ironie. Es ist schließlich derselbe Schiller, der mit Goethe zusammen 1795/96 die bissig-ironisch polemischen „bösen ‚Xenien'" schreibt. (Vgl. Koopmann 1966, S. 28, sowie SW 1, S. 257ff. und 907ff.)

bey einer politischen Gesetzgebung leitet." (ÄE, S. 11) Es folgt im dritten und vierten Brief zunächst eine Theorie der Staatstransformation.

3.2 Das Scheitern der französischen Revolution und die Probleme der Transformation vom Naturzustand über den Naturstaat zum Vernunftstaat

Carolin Jank sieht in Schillers Ausführungen zur Staatstransformation das „Hauptproblem politischen Denkens: die Umwandlung des Notstaates in den Vernunftstaat"[90] behandelt und stellt fest:

> „Das bedrängende ‚politische Problem in der Erfahrung' ist das Ereignis der Französischen Revolution. Das politische Problem im Denken ist – in jeder Gestalt der klassischen politischen Philosophie von Hobbes und Rousseau bis zu Hegel und Marx – der doppelte Übergang vom ‚Naturstand' (status naturalis) in den ‚Stand der Verträge' (status civilis) und vom Notstaat oder dem ‚physischen Staat' in den Vernunftstaat oder den ‚sittlichen Staat'. Schiller verwendet alle vier Grundworte der politischen Philosophie, und es kommt alles darauf an, deren Zuordnung unter dem Blickwinkel der Französischen Revolution und die Errichtung eines sittlichen Staates von Anfang an zu durchschauen."[91]

Schiller beginnt seine Reflektionen zum Staat im dritten Brief mit einem Zwitter aus Menschheitsgeschichte und Staatsgenese in nuce: Der Mensch „kommt zu sich aus seinem sinnlichen Schlummer, erkennt sich als Mensch, blickt um sich her, und findet sich – in dem Staate." Der Mensch, indem er aus der Einheit mit der „bloße[n] Natur" herausgetreten ist, gerät dadurch in eine Situation der „Noth". Der Staat stellt sich als „Werk der Noth" unter dem „Zwang der Bedürfnisse" nachgerade von selbst ein, nötigt sich dem Mängelwesen Mensch auf, noch ehe es diesem „in seiner Freyheit" gelingen konnte, „diesen Stand" zu „wählen". So ist dieser „Nothstaat" auch „nach bloßen Naturgesetzen" eingerichtet, die aus der „Naturbestimmung" des Menschen resultieren, und nicht etwa „nach Vernunftgesetzen". Diese Ausführungen lassen bereits auf eine Polemik Schillers schließen, die sich gegen den Kontraktualismus richtet. Augenscheinlich arbeitet Schiller hier mit einiger Ironie. Der Mensch „kommt zu sich aus seinem sinnlichen Schlummer, erkennt sich als Mensch, blickt um sich her, und findet sich – in dem Staate." Dies als Anspielung auf den biblischen Sündenfall zu lesen, liegt nahe.[92] Aber während Adam und Eva furchterfüllt ihre

---

90 Jank 1999, S. 88.
91 Dto.
92 Nachdem Adam und Eva vom Baum der Erkenntnis gegessen hatten, heißt es von diesen: „Da gingen beiden die Augen auf, und sie erkannten, daß sie nackt waren." (Gen 3,7)

Scham bedecken und sich verstecken, was einer ‚natürlicheren' Reaktion entsprechen würde, macht der zu Bewusstsein erwachte Mensch bei Schiller sich daran, „die Schritte [...] durch Vernunft wieder rückwärts zu thun" und den „Nothstaat" kontraktualistisch „in ein Werk seiner freyen Wahl umzuschaffen" (ÄE, S. 11).

Schiller polemisiert mit dieser Allusion gegen die Vernunft-Hybris der Aufklärung.[93] Denn die Konstruktion eines „N a t u r z u s t a n d [s] in der Idee, der ihm zwar durch keine Erfahrung gegeben, aber durch seine Vernunftbestimmung nothwendig gesetzt ist" geschieht „auf eine künstliche Weise". Indem er sich „einen Endzweck, den er in seinem Naturstand nicht kannte, und eine Wahl, deren er damals nicht fähig war", „leyht" „und verfährt [...], als ob er von vorn anfinge", vertauscht der Mensch „aus heller Einsicht und freyem Entschluß" „den Stand der Unabhängigkeit" mit „dem Stand der Verträge" (ÄE, S. 12). Schiller lehnt so viel freiwillige helle Einsicht beim Übergang vom Naturzustand in den Naturstaat ab. Es handelt sich eher um eine Notlösung. Der Naturstaat heißt bei Schiller daher auch „Nothstaat", da er den Menschen aufgrund von „Naturgesetzen" in eine Gemeinschaft nötigt. Es handelt sich beim ‚Nothstaat' um eine „Natur"-„Notwendigkeit", da der Mensch als Mängelwesen gar keine andere Wahl hat, seine „Noth" zu lindern, als mit andern Menschen zu kooperieren. Die nachträgliche Rechtfertigung des Naturstaats mittels Vernunft, „wie kunstreich und fest", „wie anmaßend" und „mit welchem Scheine von Ehrwürdigkeit [...] umgeben" auch immer, ist und bleibt für Schiller „blinde Willkühr" (ÄE, S. 11).

Zum anderen polemisiert Schiller mit dem Hinweis auf den ‚Stand der Verträge' – wie bereits angedeutet - gegen den Kontraktualismus[94], genauer gesagt gegen dessen „Legitimationsaufgabe: Zwangsbefugnis"[95]; „denn das Werk blinder Kräfte besitzt keine Autorität, vor welcher sich die Freyheit zu beugen brauchte." (ÄE, S. 12)

Wie auch immer der Naturstaat entstanden sein und sein Bestehen gerechtfertigt werden soll: „Alles muß sich dem höchsten Endzwecke fügen, den die Vernunft in seiner [des Menschen; M.G.] Persönlichkeit aufstellt." Der Mensch strebt seiner Idee, seiner wahren Menschheit entgegen, will „die Herrschaft einer blinden Nothwendigkeit" (ÄE, S. 12) verlassen zugunsten einer „wahren politischen Freyheit" (ÄE, S. 9). Der Kontraktualismus erscheint vor diesem Hintergrund wie der vergebliche Versuch, eine im Dunkeln verborgene Vergangenheit

---

93 Die Hybris, der Wunsch nach Gottgleichheit, war nach der biblischen Erzählung Grund der Verstoßung aus dem Paradies.
94 Vertragstheorien entwickelten u.a. Hobbes, Locke, Rousseau und Kant.
95 Zit. nach Kersting 1990, S. 233. Hier ist auch zu lesen: „Das kontraktualisitsche Argument ist [...] ein genuin politikphilosophisches oder staatsphilosophisches Argument". Es war ja weiter oben die Frage gestellt worden, ob sich in Schillers Schrift Elemente politischer Theorie nachweisen lassen.

zu erhellen, wobei doch nur eine schein-helle Legitimation aktuell herrschenden Zwangs entsteht. Für Schiller ist daher ganz im Gegensatz klar, dass ein auf erfundenen, Zwang willkürlich legitimierenden Verträgen basierender Staat durch einen sittlichen Staat der wahren Freiheit prinzipiell ersetzt werden darf: „Auf diese Art entsteht und rechtfertigt sich der Versuch eines mündig gewordenen Volks, seinen Naturstaat in einen sittlichen umzuformen" (ÄE, S. 12).

Es wurde bereits darauf hingewiesen, dass Schiller die Transformationstheorie „unter dem Blickwinkel der Französischen Revolution" entwickelt, „denn die Französische Revolution ist wesenhaft das tragische Wagnis ‚eines mündig gewordenen Volkes, seinen Naturstaat in einen sittlichen umzuformen'".[96] Das tragische Wagnis der Transformation liegt darin, dass „der physische Mensch w i r k l i c h, [...] der sittliche nur p r o b l e m a t i s c h" (ÄE, S. 12) ist. Der ‚physische Mensch' ist dabei zu verstehen als derjenige, der sich im Notstaat eingerichtet hat.

> „Der Notstaat konstituiert sich als erste staatliche Gemeinschaft, die mittels zwingender Gesetze und Verträge der Selbstsucht, dem Egoismus und der Gewalt des Menschen Einhalt gebietet. Auf dieser Stufe das status civilis wird das bellum omnium contra omnes als Folge der Bedürfnisbefriedigung und Existenzsicherung aus Furcht vor der Pleonexie der anderen durch Zwang von Rechtsgesetzen unterbunden. Rechtsgesetze unterdrücken die blinden, instinkthaften Kräfte der Menschen, bewahren so das Gemeinwesen vor der Selbstzerstörung und schaffen die notwendige Bedingung für das Bestehen eines Gemeinwesens und das Überleben der Bürger. Recht und *Zwang* schließen einander nicht aus, sondern ein."[97]

Diese Ausführungen zeigen, dass Schillers Begriff vom Notstaat oder Naturstaat sehr weit gefasst ist.[98] Diese Beobachtung weist auf etwas voraus, was in keiner Weise untypisch für Schillers Denkstil ist und sich in folgendem Phänomen noch nicht erschöpft. Um eine dualistische Zuspitzung treffen zu können, ordnet er allerhand Unterbegriffe geschickt so zwei Oberbegriffen zu, dass diese alle wesentlichen Elemente, die es überhaupt gibt, umfassen, und stellt sie dann kontradiktorisch gegeneinander. Hier wird im philosophierenden Schiller auch zu recht der Tragödiendichter erkannt. In diesem Fall hat der Konflikt die Struktur: Naturstaat/Notstaat gegen Vernunftstaat. Der Ausgang – Carolin Jank hat es angedeutet – ist tragisch. Denn „hebt also die Vernunft den Naturstaat auf, wie sie nothwendig muß, wenn sie den ihrigen an die Stelle setzen will, so wagt sie den physischen und wirklichen Menschen an den problematischen sittlichen, so wagt sie die Existenz der Gesellschaft an ein bloß (wenngleich moralisch nothwendiges) Ideal von Gesellschaft." (ÄE, S. 12f.) Schiller sieht im Übergang

---

96   Jank 1999, S. 88f.
97   A.a.O., S. 90. (Herv. M.G.)
98   Auch unser derzeitiges politisches System dürfte noch unter ihn fallen.

vom Naturstaat in den Vernunftstaat einen Hiatus, wobei der im Naturstaat real existierende „physische Mensch" (ÄE, S. 12) durch seine Vernunft nach Verwirklichung der Ideale Freiheit (von Zwang), Gleichheit und Brüderlichkeit strebt, dafür aber den seine physische Existenz sichernden Notstaat aufgeben muss. Tut er dies, tauscht er die physisch notwendige Sicherheit gegen „bloß [M]ögliches (wenngleich moralisch [N]otwendiges)". Gibt er aber das Ideal des Vernunftstaates auf, bleibt er hinter seiner eigentlichen und durch Moral notwendigen Bestimmung zurück. Die Tragik liegt im Dilemma, der Ausweglosigkeit der zweifachen Natur- und Vernunftnotwendigkeit des Scheiterns, zumindest zu diesem *Zeit*punkt: „Das große Bedenken also ist, daß die physische Gesellschaft i n d e r Z e i t keinen Augenblick aufhören darf, indem die moralische i n d e r I d e e sich bildet, daß um der Würde des Menschen willen seine Existenz nicht in Gefahr geraten darf." (ÄE, S. 13) Damit wird klar, warum Schiller das Bestreben eines „mündig gewordenen Volkes, seinen Naturstaat in einen sittlichen umzuformen" (ÄE, S. 12) gutheißt und verteidigt, gleichzeitig aber den „Versuch des Französischen Volkes, sich in seine heiligen Menschenrechte einzusetzen und eine politische Freiheit zu erringen", verurteilt. Dieses war der „vormundschaftlichen Gewalt noch nicht entwachsen", und „das liberale Regiment der Vernunft [kommt] da noch zu frühe" (AB, S. 137). Die Folge des Wegbrechens der vormundschaftlichen Gewalt sind die entfesselten Gewaltexzesse in Frankreich, gegen die sich Schiller verwehrt. Er lehnt es um der Würde des Menschen willen strikt ab, die Existenz der Gesellschaft oder auch nur eines Menschen zu gefährden – eine klare Absage an die Terreur Robbespierres. Schiller ist zu keiner Zeit bereit, die Würde oder gar das Leben eines Menschen einem Ideal zu opfern, aber auch nicht, das humanistische Ideal vom Menschen einfach fahren zu lassen.

Das Problem, wie der ‚Bau einer wahren politischen Freyheit' zu errichten sei, schien zunächst ein statisches Projekt zu sein. Nun stellt es sich jedoch als komplizierte Operation an einem lebendigen Körper dar: „Wenn der Künstler an einem Uhrwerk zu bessern hat, so lässt er die Räder ablaufen; aber das lebendige Uhrwerk des Staates muß gebessert werden, indem es schlägt, und hier gilt es, das rollende Rad während seines Umschwungs auszutauschen." (ÄE, S. 13)[99] Schiller hat als „Doctor medicinae"[100] schon früh um die Verletzlichkeit der „tierischen Natur" (VZ, S. 291) des Menschen gewusst, und behandelt in seiner Dissertation von 1780 den Zusammenhang zwischen tierischer und geistiger Na-

---

99 In der mechanistischen Metaphorik deutet sich bereits die Kritik der modernen Arbeitsteilung an.
100 Oellers 2006, S. 41. Nachdem Schillers „erste Examensarbeit, *Philosophie der Physiologie* [...], die von den Gutachtern wegen des anmaßenden Tons gegenüber anerkannten Autoritäten" abgelehnt worden war, fertigte er eine „zweite ‚Dissertation', *Versuch über den Zusammenhang der thierischen Natur mit seiner geistigen*" an, die „1780 akzeptiert" (ebd.) wurde.

tur: „Den Philosophen, der die Natur der Gottheit entfaltet und wähnet, die Schranken der Sterblichkeit durchbrochen zu haben, kehrt ein kalter Nordwind, der durch seine baufällige Hütte streicht, zu sich selbst zurück und lehrt ihn, daß er das unselige Mittelding von Vieh und Engel ist." (VZ, S. 296)

Es wird, um die Transformation des Staates zu gewährleisten, ein Bypass benötigt, ein Umweg, um vom Naturstaat zum Vernunftstaat zu gelangen. „Man muß also für die Fortdauer der Gesellschaft eine Stütze aufsuchen, die sie von dem Naturstaate, den man auflösen will, unabhängig macht." Diese Stütze findet sich weder im „natürlichen Charakter des Menschen", noch im „sittlichen". Ist der eine „selbstsüchtig und gewaltthätig", so ist der andere ‚problematisch', da er „erst gebildet werden soll". Es ist daher nötig, um „von dem physischen Charakter die Willkühr und von dem moralischen die Freyheit abzusondern" (ÄE, S. 13), „einen dritten Charakter zu erzeugen". Dieser neue Charakter ist „mit jenen beyden verwandt", aber von ihren Mängeln gleich weit entfernt. Er ist der *Mittlere* zwischen beiden Charakteren als auch der *Mittler* zwischen den beiden Staatsformen. „Soviel ist gewiß: nur das Uebergewicht eines solchen Charakters bey einem Volke kann eine Staatsverwandlung nach moralischen Prinzipien unschädlich machen, und auch nur ein solcher Charakter kann ihre Dauer verbürgen." (ÄE, S. 14)

Hier deutet sich an, was Schiller im Hin und Her zwischen Staat und Individuum, zwischen der „Gesellschaft i n d e r Z e i t" und „i n d e r I d e e", zwischen dem ‚wirklichen physischen Menschen' und dem ‚nur problematischen sittlichen', bereits vorbereitet hat: die „Homologie der Seelen- und Staatsverfassung"[101].

3.3 Die Homologie der seelischen und politischen Verfassung

Ähnlich wie Platon[102] in seiner *Politeia* oder in seinen *Nomoi*, führt Schiller „den Charakter des Staates konsequent auf den Charakter der Bürger zurück"[103]. Bei Platon ist diese Homologie Teil einer übergeordneten Kosmologie, in der Gemeinschaften von Menschen, der einzelne Mensch, wie auch dessen Seelenteile ihren Ort und ihre Aufgaben haben. Wird die prästabilierte Harmonie der kosmischen Ordnung gestört, rät Platon bisweilen zur Todesstrafe, was noch

---

101 Jank 1999, S. 84.
102 Vgl. a.a.O.: Carolin Jank hat die *Ästhetischen Briefe* vor dem Hintergrund der Politeia interpretiert und dabei festgestellt: „Schillers Briefe *Über die ästhetische Erziehung des Menschen* scheinen nur Platos Dialog über den *Staat* fern und fremd zu sein. Sie bilden in Wahrheit einen radikalen Gegenentwurf auf dem Boden der Neuzeit." (a.a.O., S. 83)
103 Jank 1999, S. 84.

„das kleinste Übel"[104] für den Verurteilten darstelle. Bei Schiller, für den „um der Würde des Menschen willen, seine Existenz nicht in Gefahr gerathen darf" (ÄE, S. 13), steht nicht die kosmische Ordnung oder der Staat, sondern das Individuum im Zentrum[105], so dass „Schillers Arbeitseinheit das Individuum ist."[106] Das „Majestätsrecht" des Individuums ist sein „Wille", der „vollkommen frey zwischen Pflicht und Neigung steht." Zwischen der Neigung, d.h. physische und psychische Bedürfnisse, Triebe etc. und der Pflicht, d. h. Moral, Vernunftgesetze etc., steht nach Schiller der freie Wille, der „immer zufällig bleiben" muss und durch „keine physische Nöthigung" gebeugt oder gebrochen werden „kann und darf" (ÄE, S. 14).[107] Der Wille kann und muss stets zwischen den Neigungen und den Pflichten wählen und verleiht ihnen dadurch Realität:

> „Der Wille ist es also, der sich gegen beyde Triebe [Neigung und Pflicht; Anm. M.G.] als eine M a c h t (als Grund der Wirklichkeit) verhält, aber keiner der beyden kann sich für sich selbst, als eine Macht gegen den andern verhalten. [...] Es giebt in dem Menschen keine andere Macht als seinen Willen, und nur was den Menschen aufhebt, der Todt und jeder Raub des Bewußtseyns, kann die innere Freyheit aufheben." (ÄE, S. 77)

Mit Kant war – in Schillers Interpretation – stets die Pflicht vor der Neigung zu wählen. Schiller setzt diesem Vernunftrigorismus in *Anmut und Würde* ‚die Neigung zu der Pflicht' entgegen. Denn worauf es ankommt, ist, dass des Menschen „Triebe mit seiner Vernunft übereinstimmend genug sind, um zu einer universellen Gesetzgebung zu taugen." Durch die Annäherung von Neigung (Triebe) und Pflicht (Vernunft) fällt es dem Willen leicht, das Richtige zu wählen, wenn es sich überhaupt noch um eine *Wahl* handelt. Bei Kant – so Schiller – sind Neigung und Pflicht antagonistisch gedacht, so dass dem Willen der entschiedene Primat der Vernunft vor der Sinnlichkeit nahe gelegt werden muss.

Schiller identifiziert den „reinen idealistischen Menschen", der in jedem „individuelle[n] Mensch[en]" angelegt ist, mit dem „S t a a t". Dabei gibt es „zwey verschiedene Arten", wie man den individuellen „Mensch[en] in der Zeit" mit dem reinen idealistischen „Menschen in der Idee", also mit dem „Staat", zu-

---

104 Platon: Nomoi, 854e. Es soll hier nicht der Eindruck entstehen, Platon sei ein radikaler Verfechter der Todesstrafe. Das Gegenteil liegt nahe. Aber ich muss mich in diesem Zusammenhang mit diesem knappen Hinweis begnügen.
105 Vgl. bspw. Suppanz 2000, S. 3f.: „Für Schiller [hat] das Interesse des Individuums Priorität vor dem Interesse des Staates." Vgl. hierzu auch Cho 1997, S. 164 und Wallraven 1967, S. 142.
106 Suppanz 2000, S. 6.
107 In Platons Politeia findet sich ein (Seelen-)Modell, das ganz ähnlich aufgebaut ist, wie das, das Schiller *hier* (an anderer Stelle wird es anders ausfallen) vorstellt. So ähnelt der *Wille* dem zorn- oder mutartigen (θυμοειδές), die *Neigung* dem begehrenden (ἐπιθυμητικόν) und die *Pflicht* dem vernünftigen (λογιστικόν) Seelenteil. Vgl. Platon: Politeia, IV 434d-441c.

sammentreffen lassen kann: „entweder dadurch, daß der reine Mensch den empirischen unterdrückt, dass der Staat die Individuen aufhebt; oder dadurch, daß das Individuum Staat wird, daß der Mensch in der Zeit zum Menschen in der Idee sich v e r e d e l t." Die Veredlung des Menschen entfällt in der „einseitigen moralischen Schätzung" des Menschen. Hier genügt es, dass das Vernunftgesetz „nur ohne Bedingung gilt", die Menschen mithilfe eines ‚Vernunftrigorismus' zu unterdrücken.[108] Schiller verlangt jedoch eine „vollständige anthropologische Schätzung, wo mit der Form auch der Inhalt zählt, und die lebendige Empfindung zugleich eine Stimme hat" (ÄE, S. 15). So muss der Staat, will er nicht „unvollendet" sein, auf den Menschen im vollständigen Sinne, auf seine Bedürfnisse als Natur- wie als Vernunftwesen eingehen. „Der Staat soll nicht blos den objektiven und generischen, er soll auch den subjektiven und specifischen Charakter in den Individuen ehren" (ÄE, S. 16). Das heißt, auch in seiner vollendeten Form darf er letztlich keinen Zwang oder Gewalt auf auch nur einen einzelnen Menschen ausüben.

Wie aber soll ein solcher Staat gelingen? Vor dem Hintergrund der Homologie sieht Schiller den idealen Staat dort, wo „sich die Theile zur Idee des Ganzen hinaufgestimmt haben." (ÄE, S. 17) Dieses ‚Hinaufstimmen' des einzelnen Menschen, und damit aller einzelnen Menschen zum Staat bedeutet nichts anderes als „T o t a l i t ä t d e s C h a r a k t e r s" (ÄE, S. 18) herzustellen, Neigung und Pflicht einander anzunähern, Natur und Vernunft zu versöhnen. Solange dies nicht der Fall ist, muss der Mensch im Notstaat verbleiben, garantiert dieser doch am ehesten die physische Existenz, den Besitz, mithin die Freiheit des überwiegenden Teils der Individuen:

> „Setzt sich [...] in dem Charakter eines Volks der subjektive Mensch dem objektiven noch so kontradiktorisch entgegen, daß nur die Unterdrückung des erstern dem letztern den Sieg verschaffen kann, so wird auch der Staat gegen den Bürger den strengen Ernst des Gesetzes annehmen, und, um nicht ihr Opfer zu seyn, eine so feindseelige Individualität ohne Achtung darnieder treten müssen." (ÄE, S. 17)

Dies ist die Kurzbeschreibung vom ‚Bau einer verwirklichten politischen Freiheit' auf der Basis von Vernunftgesetzen, wo das Recht des Stärkeren durch Gesetz und staatliches Gewaltmonopol gebrochen wird. Hierin wären Schiller und Kant wohl einer Meinung. Aber dieser ‚Bau' kommt nicht ohne *Zwang* aus. Die Freiheit von *Zwang* erweist sich als das zentrale Anliegen Schillers. Wo *Zwang* (Nötigung!) herrscht, gleichviel wie vernünftig dieser eingesetzt oder legitimiert wird, handelt es sich für Schiller um einen Notstaat. Schiller geht es aber um den ‚Bau einer wahren politischen Freyheit', in dem kein *Zwang* mehr herrschen

---

108 Ein Seitenhieb gegen Kant ist hier deutlich auszumachen. Auch wendet sich Schiller erneut gegen die Terreur in Paris.

darf. Dieser Bau soll und kann sich nur aus Menschen zusammensetzen, die über ‚Totalität des Charakters' verfügen. Im Gegensatz zu Kant, der im gleichen Jahr seine Schrift *Zum ewigen Frieden* veröffentlicht, und für den das „Problem der Staatserrichtung [...], so hart wie es auch klingt, selbst für ein Volk von Teufeln (wenn sie nur Verstand haben), auflösbar"[109] ist, steht für Schiller fest: „man wird damit anfangen müssen für die Verfassung Bürger zu erschaffen, ehe man den Bürgern eine Verfassung geben kann." (AB, S. 141) Wie aber denkt Schiller die Totalität eines veredelten Charakters? Wie will er sie erreichen, und was steht ihrer Verwirklichung entgegen?

3.4 Der entfremdete Mensch: kulturelle und anthropologische Ausgangsbedingungen

Bevor Schiller die Therapie zur Heilung oder Totalisierung[110] des Charakters des Menschen – sowie daraus resultierend der Gesellschaft und des Staates – bestimmen kann, bedarf es einer genauen Diagnose der empirischen Ausgangssituation. Er analysiert sowohl die kulturellen, gesellschaftlichen, ökonomischen, sittlichen, wissenschaftlichen und politischen Bedingungen, in denen der einzelne Mensch sich wieder findet, als auch den einzelnen Menschen, welcher diese Bedingungen nicht nur erleidet, sondern sie aufgrund seiner eigenen Depraviertheit oder Entfremdung selbst verursacht.

Schiller stellt in seiner Analyse fest, dass der einzelne Mensch in sich ebenso auseinander gerissen ist wie die menschliche Gemeinschaft in eine Vielzahl von Systemen. Beide Auseinandergerissenheiten wirken wechselseitig auf sich zurück, indem sie sich auslösen, sich in ihrer Auseinandergerissenheit fundamentieren oder noch weiter auseinander reißen.

3.4.1 Kulturelle Ausgangsbedingung: die Auseinandergerissenheit der Systeme wirkt auf den Menschen

Nach der Ansicht von Cho liefert Schiller eine scharfsinnige Analyse des Wandels „von der stratifikatorischen" Ständegesellschaft „zur funktional ausdifferenzierten Gesellschaft"[111] in der Moderne. Schillers Befund verdeutlicht aber nicht nur, dass sich die Gesellschaft in „Funktionssysteme" ausdifferenziert hat, sondern auch, dass sich diese Systeme immer weiter ausdifferenzieren. So konstatiert Schiller „eine schärfere Scheidung der Wissenschaften" sowie „eine

---

109 Kant 1995b, S. 307.
110 Heilung geht etymologisch zurück auf gr. ‚ὅλλος', dessen lateinische Entsprechung ‚totus' ist.
111 Cho 1997, S. 36.

strengere Absonderung der Stände und Geschäfte". Das „Uhrwerk der Staaten" ist „verwickelt" (ÄE, S. 22). „Auseinandergerissen wurden [...] der Staat und die Kirche, die Gesetze und die Sitten" (ÄE, S. 23).

Die Ausdifferenzierung in ‚Funktionssysteme' führt dazu, dass sich der einzelne Mensch sowohl einer Vielzahl von Systemen gegenüber als auch in ihnen verwickelt findet, die er in ihrer Gesamtheit weder über- noch durchschauen kann. Mit dem Schwinden der streng hierarchischen ständischen Ordnung, die verbindlich und überschaubar war, ist ein Verlust an Orientierung verbunden. Mit der fortschreitenden Ausdifferenzierung verliert der Mensch zusehends den Überblick. Die soziale Umwelt ist dem Menschen fremd geworden und wird ihm immer fremder, da er sie nur in immer weniger verbundenen Bruchstücken erfassen kann.

Hinzu kommt, dass „die Menschen nur partiell beansprucht [werden], d. h. sie werden nur unter dem Aspekt betrachtet, in welchem Funktionssystem sie agieren."[112] Der Mensch wird nicht mehr als Ganzheit gesehen, sondern auf Bruchstücke seiner selbst reduziert. Wiederum nur Bruchstücke seiner selbst in einem jeweils ausdifferenzierten Aufgabengebiet beanspruchend, entfremdet sich der Mensch von seiner Arbeit und von sich selbst:

> „der Genuß wurde von der Arbeit, das Mittel vom Zweck, die Anstrengung von der Belohnung geschieden. Ewig nur das eintönige Geräusch des Rades, das er umtreibt, im Ohre, entwickelt er nie die Harmonie seines Wesens, und anstatt die Menschheit in seiner Natur auszuprägen, wird er bloß zu einem Abdruck seines Geschäfts, seiner Wissenschaft." (ÄE, S. 23)[113]
> „Und wir sehen nicht bloß einzelne Subjekte sondern ganze Klassen von Menschen nur einen Theil ihrer Anlagen entfalten, während daß die übrigen, wie bey verkrüppelten Gewächsen, kaum mit matter Spur angedeutet sind." (ÄE, S. 22)

Die Ausdifferenzierung beziehungsweise das Auseinanderreißen in Subsysteme bedeutet einen fortschreitenden Verlust von Ganzheit bzw. Totalität des Systems wie des einzelnen Menschen. Der Mensch – von der Natur bereits entfremdet[114]– entfremdet sich von seiner Umwelt (im weitesten Sinne) und von sich selbst, weshalb Schiller resigniert festhält: „Ewig an nur ein einzelnes kleines Bruchstück des Ganzen gefesselt, bildet sich der Mensch selbst nur als ein Bruchstück aus" (ÄE, S. 23). Er kann zu Recht behaupten: „Die Kultur war es, welche der neuern Menschheit diese Wunde schlug" (ÄE, S. 22), da sie dazu führt, dass der Mensch „nie die Harmonie seines Wesens" (ÄE, S. 23) entwi-

---

112 Cho 1997, S. 36.
113 Hier entfaltet Schiller bereits eine Theorie der ‚entfremdeten Arbeit', die Karl Marx präzisieren wird.
114 Indem dem Menschen die Natur zum Objekt, zur Idee wird, steht er nicht mehr in ihr, sondern ihr gegenüber. Vgl. hierzu: ÄE, S. 103.

ckeln kann. Diese pessimistische Deutung von Kultur ist allerdings in erster Linie für den einzelnen Menschen negativ, da „Einseitigkeit in Uebung der Kräfte […] zwar das Individuum unausbleiblich zum Irrthum, aber die Gattung zur Wahrheit" (ÄE, S. 27) führt. Schiller „verkenn[t] nicht die Vorzüge" (ÄE, S. 22) der geschichtlichen Entwicklung und sieht ebenso einen positiven Aspekt von Kultur. Dies wird gerade darin deutlich, dass er die „Fortdauer der Gesellschaft" prinzipiell positiv bewertet, nicht nur, da sie technischen („Teleskop", ÄE, S. 27) und wissenschaftlichen Fortschritt („Analysis des Unendlichen oder eine Critic der reinen Vernunft", ÄE, S. 27) bedeutet, sondern vor allem weil nur sie das Individuum vor der „Willkühr" des „natürlichen Charakter[s] des Menschen" (ÄE, S. 13) schützen kann. Schiller betont auch hier den Schutz des Individuums. Wie immer sich der historische Fortschritt gestalten mag, das Majestätsrecht des Individuums, sein freier Wille und seine Würde, dürfen ihm nicht geopfert werden.

Trotz der Inschutznahme der Kultur, die sich der Einsicht in ihre Notwendigkeit für das Mängelwesen Mensch schuldet, fehlt der Gesellschaft ein geeignetes „Gesetz […], den Menschen endlich als Selbstzweck zu ehren, und wahre Freyheit zur Grundlage der politischen Hoffnung zu machen." (ÄE, S. 18) Der richtige Weg hin auf ihr Telos, der ‚wahren politischen Freyheit', ist also noch nicht eingeschlagen. Vielmehr verunmöglicht die zunehmende Ausdifferenzierung aller Lebensbereiche zu einem „kunstreichen Uhrwerke […], wo aus der Zusammenstückelung unendlich vieler, aber lebloser Theile ein mechanisches Leben im Ganzen sich bildet" (ÄE, S. 23), die lebendige und harmonische Übereinstimmung des Menschen mit sich und mit der natürlichen und sozialen Welt. Das war allerdings nicht immer so: „Der einzelne Grieche" „qualifizierte sich zum Repräsentanten seiner Zeit". Dies darf „der einzelne Neuere nicht wagen" (ÄE, S. 22). Warum? „Weil jenem die alles vereinende Natur, diesem der alles trennende Verstand seine Formen ertheilten." (ÄE, S. 22)

EXKURS: der Mythos vom ‚schönen Griechentum'

Schiller setzt dem heutigen, neueren Menschen den Mythos[115] vom ‚schönen Griechentum' entgegen. Denn „die griechische Natur […], die sich mit allen Reizen der Kunst und mit aller Würde der Weisheit vermählte, [tat dies,] ohne

---

115 Es handelt sich hierbei m. E. um einen Mythos, erstens weil Schiller ihn *narrativ*, mithin *künstlich ideal konstruiert* („Damals bey jenem schönen Erwachen der Geisteskräfte [etc.]; ÄE, S. 21), zweitens weil er vor-*bildhaften* („Muster"; ÄE, S. 21) Charakter hat, wobei das Ideal im ‚Griechen' symbolisch verdichtet wird und drittens weil die ausgeglichene *polar-symmetrische* Konstruktion („Beyde konnten im Nothfall ihre Verrichtungen tauschen"; ÄE, S. 21) selbst dem ähnelt, was Jean Gebser „mythisches Denken" nennt. Vgl. Gebser 1992.

doch, wie die unsrige Opfer derselben zu sein." (ÄE, S. 21) Die Griechen verfügten „bey jenem schönen Erwachen der Geisteskräfte" noch über Totalität, bestehend im harmonischen Nebeneinader von „Kunst" und „Weisheit", „Poesie" und „Spekulation" (ÄE, S. 21).[116] Und dieser harmonischen Konstitution des individuellen Griechen entspricht im Sinne der Homologie eine harmonische öffentliche Verfassung.[117] Der ‚schöne Grieche' ist die Kontrastfigur zu Rousseaus Gedankenexperiment vom ‚guten Wilden'.[118] Denn der ‚schöne Grieche' hat sich zwar schon aus der natürlichen Einheit herausgelöst, lebt aber sowohl in Einheit mit der Natur, als auch in Einheit mit seiner Gattung und damit seines Staates. Er tut dies, da die Einheit seiner Doppelnatur, bestehend aus „thierischen und geistigen" Anlagen, *noch* in harmonischer Eintracht existiert. Der große Vorteil des Mythos vom ‚schönen Griechentum' ist, dass Schiller durch das quasi historisch reale „Muster"[119] größere Anschaulichkeit gewinnt. Während der ‚gute Wilde' dem neuern Menschen fremd und unheimlich bleibt, gelingt es Schiller, mit dem Mythos vom ‚schönen Griechentum' „aus dem Bunde des Möglichen mit dem Notwendigen das Ideal zu erzeugen". Es geht hier nicht um Täuschung oder Wahrheit, sondern um „Täuschung und Wahrheit" (ÄE, S. 35). Denn das Muster, die Form, entwickelt Schiller mithilfe des Idealbildes des ‚schönen Griechentums'. Diese Form aber ist die zeitlose Idee, das Ideal schöner Menschheit, das am Beispiel durchgespielt wird, um dem wirklichen Menschen als Vorbild zu dienen: „Den Stoff zwar wird er [der Künstler; M.G.] von der Gegenwart nehmen, aber die Form von einer edleren Zeit, ja jenseits aller Zeit, von der absoluten unwandelbaren Einheit seines Wesens entlehnen." (ÄE, S. 34)

Schillers *Ästhetische Erziehung* beinhaltet eine Anleitung zur Konstruktion idealistischer Mythen. Das Ziel liegt auf der Hand. Schiller will mithilfe des Mythos vom ‚schönen Griechentum' – als narrative Form der Dichtung auch eine Form des Ästhetischen – einen neuen Menschen heranbilden. Um dieses „Symbol seiner [des Menschen; M.G.] a u s g e f ü h r t e n B e s t i m m u n g" (ÄE, S. 56) zu erhalten, muss Schiller mittels Phantasie, der Einbildungskraft, das bloß Wirkliche überschreiten. Denn „wer sich nicht über die Wirklichkeit hinauswagt, der wird nie die Wahrheit erobern." (ÄE, S. 43) Dies wird am deut-

---

116 Es fällt auf, dass Schiller im Zusammenhang mit seinem Mythos vom ‚schönen Griechentum' vor allem die Harmonie von *Kunst* und *Poesie* mit *Weisheit* und *Spekulation* betont.
117 Vgl. zu Schillers Affinität zur Gesetzgebung Solons als Ermöglichung des harmonischen Miteinanders die Schrift *Die Gesetze des Lykurgus und Solon* (SW IV, S. 805-836).
118 Schiller wird den Begriff des ‚Wilden' anders konnotieren.
119 Diesen Gedanken kann man am besten nachvollziehen, wenn man ein Zitat aus Schillers Schrift *Über das Pathetische* von 1793 zu Hilfe nimmt: Es „ist die poetische, nicht die historische Wahrheit, auf welche alle ästhetische Wirkung sich gründet. Die poetische Wahrheit besteht [...] nicht darin, daß etwas wirklich geschehen ist, sondern darin dass es geschehen konnte, also in der innern Möglichkeit der Sache." (ÜdP, S. 78 f.)

lichsten, wenn Schiller sein als ideal konstruiertes ‚schönes Griechentum' mit der ‚bloß wirklichen' historischen Realität konfrontiert – und destruiert: In „A t h e n u n d S p a r t h a" herrschte „Unabhängigkeit", aber „es fehlte noch viel, daß die Schönheit die Gemüther beherrschte." Als „unter Perikles und Alexander das goldne Zeitalter der Künste herbeykam, [...] findet man Griechenlands [...] Freyheit nicht mehr." (ÄE, S. 41)

Das nur (historisch) Wirkliche taugt für die Erreichung des Telos der Totalität wenig. Der Dichter muss das ‚Ideal' schauen, formen und mit diesem auf die Menschen wirken. Er soll sich die Menschen denken, „wie sie seyn sollten, wenn du auf sie zu wirken hast", aber er soll sie sich denken, „wie sie sind, wenn du für sie zu handeln versuchst wirst." (ÄE, S. 37) Schillers Ideal ist zuallerlerst „Imperativ des Sollens" im Dienste der *Freiheit von Zwang*[120]. Dieser „wird zum Schlüssel, der uns auch den Zusammenhang und die Harmonie des Seins erst wahrhaft aufschließt."[121] Um das Sollen lohnend einsehbar und damit zwanglos für alle erstrebenswert zu machen, dient das ‚Symbol des Vortrefflichen', wie beispielsweise der Mythos vom ‚schönen Griechentum', als das „der unsichtbaren Sittlichkeit" „unsichtbare[s] Pfand" (ÄE, S. 14): „Wo du sie findest, umgieb sie mit edlen, mit großen, mit geistreichen Formeln, schließe sie ringsum mit den Symbolen des Vortrefflichen ein, bis der Schein die Wirklichkeit und die Kunst die Natur überwindet." (ÄE, S. 37)

3.4.2 Anthropologische Ausgangsbedingung: die Doppelnatur des Menschen I - die Lehre von den zwei Charakteren

Ein weiteres Grundproblem des neueren Menschen ist seine im Lauf der Geschichte immer stärker in Widerstreit geratene Doppelnatur. Schiller rekonstruiert den Menschen nicht nur in Abhängigkeit von der Kultur als auseinander gerissen, sondern auch unabhängig von ihr als in sich selbst zerrissen. Behandelt die eine Analyseebene die Auseinandergerissenheit des Menschen, verursacht durch seine Stellung innerhalb einer Vielzahl von Systemen, untersucht Schiller die innere Zerrissenheit des Menschen auf einer zweiten Ebene anthropologisch als ‚condition humaine'. Dieser zerrissene Mensch wirkt wiederum auf die Kultur zurück, da er es ist, der die Kultur überhaupt hervorruft und nach seiner Façon gestaltet.

Dadurch, dass der Mensch bereits zerrissen ist, diese Zerrissenheit in die Kultur hinein trägt, und sich die Zerrissenheit in der fortschreitenden Kultur damit verschärft, verstärkt sich auch die weiter auseinander reißende Wirkung der Kul-

---

120 Zelle sieht allerdings in der Freiheit von Zwang Probleme, da Schiller den Künstler in ein Korsett von Vorschriften bzgl. der Herstellung von Kunst zwängen will. Vgl. Zelle 2005, S. 433.
121 Cassirer 2001, S. 306.

tur auf den Menschen. Diese wechselseitigen Bezüge können exponentiell ausufern. Bevor Schiller zur Therapie schreitet, diagnostiziert er zunächst die Wurzel allen Übels, die Zerrissenheit des einzelnen Menschen.

Nach Schiller ist der Mensch gemäß seiner tierischen Natur mit „Triebe(n)" und gemäß seiner geistigen Natur mit „Vernunft" ausgestattet. Die in einer verschlungenen Folge präsentierten zahlreichen Bestimmungen des Menschen lassen sich dichotom anordnen (Vgl. Schema I, S. 48). So fordert die „Natur [...] Mannichfaltigkeit", die Vernunft aber „Einheit" (ÄE, S. 15). Der Natur entspricht „ein unvertilgbares Gefühl" und ein „subjective[r] und specifische[r] Charakter", der Vernunft „ein unbestechliches Bewußtseyn" sowie ein „objectiver und generische[r] [...] Charakter" (ÄE, S.16). Analog dazu finden sich Dichotomien, wie „die Sinne und der Geist" (ÄE, S. 22); „Einbildungskraft" versus „Verstand"; „Herz", „Phantasie" versus „Abstraktionsgeist" (ÄE, S. 23), „blinde[...] Kräfte" versus „Freyheit" (ÄE, S. 12) aber auch Empfindungen wie „Wärme" versus „k a l t e s Herz" (ÄE, S. 26).

Beide Bestimmungen, die eigentlich harmonisch zusammen arbeiten sollten, geraten in immer stärkeren Kontrast zueinander, so „daß sich der Mensch auf zwey entgegen gesetzten Wegen von seiner Bestimmung entfern[t]" (ÄE S. 38). Zum einen führt das Übergewicht der Triebseite beim Menschen zu „Rohigkeit", zum anderen bewirkt übermäßige Verstandesarbeit „Erschlaffung" (ÄE, S. 38). An anderer Stelle heißt es: „Der Mensch kann sich (...) auf eine doppelte Weise entgegen gesetzt seyn: entweder als Wilder, wenn seine Gefühle über seine Grundsätze herrschen; oder als Barbar, wenn seine Grundsätze seine Gefühle zerstören." (ÄE, S. 17) Der Unterscheidung in „Wilden" und „Barbaren" entspricht die Unterscheidung in zwei Typen von „Klassen von Menschen", die „nur einen Theil ihrer Anlagen entfalten" (ÄE, S. 22): „In den niedern und zahlreichen Klassen stellen sich uns rohe gesetzlose Triebe dar" (ÄE, S. 18). „Auf der andern Seite geben uns die civilisirten Klassen den noch widrigern Anblick der Schlaffheit und Depravation des Charakters" (ÄE, S. 19).

Der Bezug zur französischen Revolution ist evident. Einerseits ist die depravierte, erschlaffte zivilisierte Klasse, der „der Agonie des bloßen Genusses verfallene[...] Adel"[122], der französischen Revolution nicht zuvorgekommen, indem er die Missstände verantwortungsbewusst verhindert oder gemildert hätte. Andererseits haben die niederen Klassen, die zivilisierten Hommes de Lettres und „ein in egoistisch verhärteter Vernunft verharrendes Bürgertum"[123] aus dem Streben nach der „Widerherstellung in seine [des Menschen; M.G.] unverlierbaren Rechte", nämlich „das Gesetz auf den Thron zu stellen, den Menschen endlich als Selbstzweck zu ehren, und *wahre politische Freyheit* zur Grundlage der politischen Verbindung zu machen" ein Desaster werden lassen: „Vergebliche

---

122 Tschierske 1988, S. 56.
123 Dto.

Hoffnung!" (ÄE, S. 18) Einerseits wütete der entfesselte, *wild* gewordene Pöbel im Verlauf der französischen Revolution ahnungslos und wahllos, andererseits steigerten die gebildeten Hommes de Lettres im Verlauf der Revolution berechtigte Forderungen der Moral zum *barbarischen* „Verderbniß durch Maximen", zur „moralischen […] Tyranney" (ÄE, S. 19).

In der nicht in einer Revolution begriffenen zeitgenössischen Gesellschaft rekonstruiert Schiller ein ähnliches Charakter-Bild. Der eine Charakter wird „straff" und „verhärtet", bei ihm dürfte der ordnende Verstand überwiegen[124]. wohingegen der andere Charakter „erschlafft und sich auflöst" (ÄE, S. 34). Der erste macht sich bei der zivilisirten Klasse durch *formale* Regelstrenge oder „Härte" (ÄE, S. 42) bis hin zur ‚Tyrannei aus Maximen' bemerkbar, der zweite Charakter führt zur Erschlaffung und der Lust, sich zu „vergnügen" (ÄE, S. 34). Bei den niederen Klassen führt der sich ‚straffende' und ‚verhärtende' Charakter zu „Rohigkeit" (ÄE, S. 38), der ‚erschlaffende und auflösende' zu wilder Raserei (vgl. ÄE, S. 19: „Aus dem Natursohne wird, wenn er ausschweift, ein Rasender").

Die Bestimmungen Schillers werden zum besseren Verständnis in einem Schema systematisch zusammengestellt. Im Schema I (auf der folgenden Seite) wird sichtbar, wie differenziert Schiller die vielen Einzelbegriffe kombiniert. Allerdings wird auch sichtbar, dass das *Spiel* mit den Begriffen langsam aber sicher beginnt, unüberschaubar zu werden. Im Schaubild ist das ‚lebendige Gemählde' Schillers auf hauptsächlich vier Ebenen reduziert, die sich durchdringen:

Ebene 1: die Doppelnatur des Menschen mit ihren Erkenntniskräften Verstand und Einbildungskraft (grau/schwarz – senkrecht).
Ebene 2: die Klassen von Menschen, wobei die niederen zahlreichen mit Einbildungskraft und dem Wilden einerseits und die zivilisierte mit Verstand und dem Barbaren andererseits in Verbindung gebracht werden (grau/schwarz – waagerecht).
Ebene 3: die geschichtsphilosophische Transformation vom Naturstand über die verschiedenen Formen des Notstaates bis hin zum Telos Vernunftstaat (oben rechts).
Ebene 4: aufgrund der Schillerschen Homologie steht der ‚Charakter' (fett gedruckt) mit den anderen drei Ebenen in Kontakt. Darüber hinaus verwendet Schiller den Begriff Charakter mehrfach, wenn es um das ‚Hinaufstimmen zur Totalität' (symbolisiert durch die Pfeile im oberen Bereich) mittels der Kunst geht.

---

124 Übermäßige Verstandesarbeit kann schlaff machen und verhärten. Vgl. ÄE, S. 38.

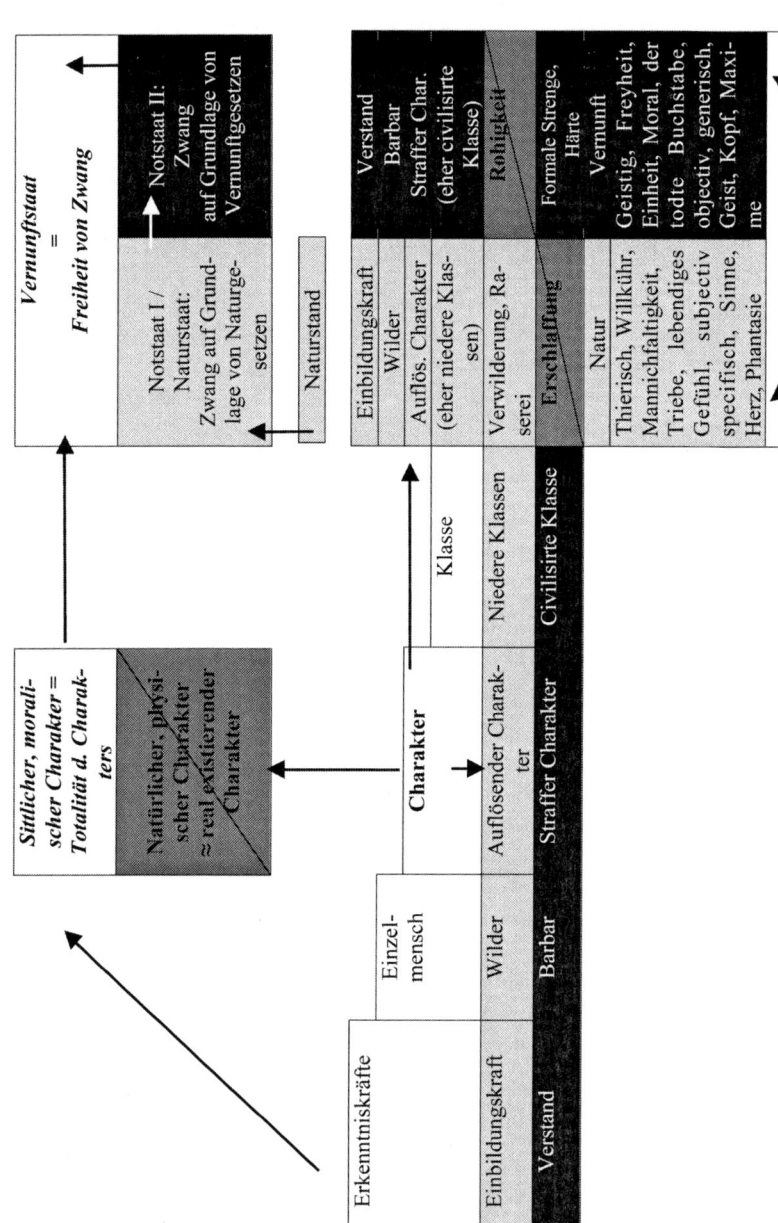

Schema I: Schillers Systematik bis einschließlich 8. Brief.

Der Charakter ist Dreh- und Angelpunkt des Schillerschen Erziehungsprojekts. Der innere Charakter seiner dichotomen Doppelnatur, der Charakter des Einzelmenschen, der Charakter der Klassen und des Staates, alle diese Charaktere, oder dank der Homologie der Charakter an und für sich, sollen zur „T o t a l i - t ä t" (ÄE, S. 18) hinaufgestimmt werden.

> „Aber ist hier nicht vielleicht ein Zirkel? Die theoretische Kultur soll die praktische herbeyführen und die praktische doch die Bedingung der theoretischen seyn? Alle Verbesserung im politischen soll von Veredelung des Charakters ausgehen – aber wie kann sich unter Einflüssen einer barbarischen Staatsverfassung der Charakter veredeln?" (ÄE, S. 33)

Schiller muss, da der Zirkel evident ist, ein Werkzeug suchen, das vom Charakter sowohl des Menschen als auch des Staates unabhängig ist, und kann nach langer empirischer Analyse resp. Zeit-Diagnose seine bereits zu Beginn in Stellung gebrachte These wiederholen: „Dieses Werkzeug ist die schöne Kunst, diese Quellen öffnen sich in ihren unsterblichen Mustern." (ÄE, S. 33)

3.4.3 Die schöne Kunst und die Veredelung des Charakters

Die schöne Kunst ist unabhängig, sie ist wie die Wissenschaft von allen menschlichen „Conventionen [...] losgesprochen, und beyde erfreuen sich absoluter I m m u n i t ä t von der Willkühr der Menschen. Der politische Gesetzgeber kann ihr Gebiet sperren, aber darinn herrschen kann er nicht." (ÄE, S. 34) Schiller hatte diese Sicht bereits in den *Kallias-Briefen* vorbereitet. Dort hatte er das „Nichtvonaussenbestimmtsein" der Schönheit bzw. der schönen Kunst als „Freyheit in der Erscheinung" (ÄE, Anm. zu S. 94), als das Analogon, das tertium comparationis zur sittlichen Freiheit behauptet. Die Autonomie, die Selbstgesetzgebung der Schönheit wie der schönen Kunst ist demnach die notwendige Bedingung, sie unabhängig vom Charakter zu dessen Veredlung überhaupt gebrauchen zu können. Gibt es aber auch eine hinreichende Bedingung, die zeigt, dass die schöne Kunst zur Veredlung des Charakters beitragen kann?

Schiller kommt im 10. Brief – unter dem Einfluss des Rousseauschen Kulturpessimismus[125] – zu ernüchternden Ergebnissen, was die Rolle der schönen Kunst im bisherigen Lauf der Geschichte betrifft. Sie soll herangezogen werden, um die „doppelte Verirrung" der „beyden Abwege[...]", nämlich die „Rohigkeit" und die „Erschlaffung" des Menschen zu kurieren.[126] Er fragt sich, wie „beyden entgegen gesetzten Gebrechen zugleich" mit nur einem Mittel begegnet

---

125 Vgl. Jank 1999, S. 85.
126 Schiller wiederholt zu Beginn des zehnten Briefes noch einmal seine These, da mit diesem die zweite Abteilung der *Ästhetischen Briefe* in den Horen eröffnet wird.

werden kann. Die schöne Kunst müsste ja „zugleich anspannen und auflösen". Nachdem Schiller diese Aufgabe bereits als schwierig eingeführt hat, führt er die „alltägliche Erfahrung", die mit Schönheit die Verfeinerung der Sitten konnotiert, ad absurdum. Denn „es giebt achtungswürdige Stimmen, die sich gegen die Wirkungen der Schönheit erklären". Schiller führt die politische Instrumentalisierbarkeit der schönen Kunst an, deren „seelenfesselnde Kraft" (ÄE, S. 39) man missbrauchen kann. Der Geschmack ziele nur auf die Form, was im schlimmsten Fall dazu führen könne, „alle Realität überhaupt zu vernachlässigen" (ÄE, S. 40). Das wiederum kann sowohl zu falschen Urteilen über die Realität als auch zur Vernachlässigung von moralischen oder sonstigen Pflichten führen. „Ausschweifungen" und „Laster" (ÄE, S. 40) sind allzu oft die Folge. Schönheit kann man auch dazu benutzen, über die eigene Nichtswürdigkeit hinwegzutäuschen, indem man sich durch „äußere[n] Eindruck" unverdiente „Achtung" erwirkt. Beispiele aus der Geschichte zeigen, dass man „wo die Künste blühen", die „Menschheit gesunken findet" (ÄE, S. 40). Schiller führt Griechen[127], „R ö - m e r", „A r a b e r[...]", „I t a l i e n" und alle „neuern Nationen" (ÄE, S. 40) an. Allesamt liefern „nicht ein einziges Beyspiel" (ÄE, 39) für seine Ausgangsthese, dass die Schönheit die Bedingung der Freiheit ist.[128]

Alltägliche Erfahrung, das empirische Erfahrungsurteil, scheint Schiller bis zum Ende des neunten Briefes zur Problemdiagnose eine probate Methode zu sein. So konnte er mit dem Erfahrungsbegriff der Schönheit deren Autonomie und Unabhängigkeit vom Menschen und der Politik herausarbeiten. Zum eigentlichen Beweis, „daß man, um jenes politische Problem in der Erfahrung zu lösen, durch das ästhetische den Weg nehmen muß, weil es die Schönheit ist, durch welche man zur Freyheit wandert" (ÄE, S. 11), war das nur die Vorbedingung.

Der Leser weiß jetzt um das ‚Problem in der Erfahrung' bezüglich der Staatstransformation sowie des reziproken Fragmentierungszusammenhangs zwischen Individuum und Gesellschaft. Er weiß um das Telos des Vernunftstaates und der dazu notwendigen Totalität des Charakters des Individuums. Und er weiß, dass die schöne Kunst in der Erfahrung zumindest die eine notwendige Bedingung erfüllt, außerhalb des Staates und des Individuums zu gründen.[129] Schiller muss darüber hinaus zeigen, wie die Schönheit die Totalität des Charakters und damit

---

127 Hier destruiert Schiller seinen Mythos vom ‚schönen Griechentum', liefert also eine ‚rationalistische Mythenkritik', denn die historischen Fakten, um die man weiß, sprechen gegen den Mythos, den man glauben soll. Allerdings wird zu sehen sein, wie Schiller diese rationalistische Kritik wiederum mithilfe der Vernunft, aus der Perspektive des Ideals kritisieren wird.

128 Diese Stelle dürfte einen wichtigen Vorgeschmack auf Schillers Bemühungen geben, nicht bloßen ästhetizistischen Eskapismus betreiben zu wollen.

129 Sie gründet in der Natur selbst. „Daß auf die Freyheit nicht gewirkt werden könne, ergiebt sich schon aus ihrem bloßen Begriff." Denn die „Freyheit selbst [ist] eine Wirkung der Natur" (ÄE, S. 79).

den „Bau einer wahren politischen Freyheit" (ÄE, S. 9) ermöglichen soll. Zu zeigen, wie die ‚Veredlung des Charakters', sein ‚Hinaufstimmen', die ‚Annäherung von Neigung und Pflicht' etc. vermittels der Schönheit funktionieren könnte, ist die zweite Bedingung, die erfüllt sein muss, damit Schiller seine These von der heilsamen Schönheit belegen kann. Die Erfahrung jedenfalls zeigt hierfür keine Beispiele.

„Aber vielleicht ist die E r f a h r u n g der Richtstuhl nicht, vor welchem sich eine Frage wie diese ausmachen läßt, und ehe man ihrem Zeugniß Gewicht einräumte, müßte erst außer Zweifel gesetzt seyn, daß es dieselbe Schönheit ist, von der wir reden, und gegen welche jene Beyspiele zeugen." (ÄE, S. 42)

Die Anspielung an Kant ist deutlich. Richtstuhl ist die Vernunft. Der Schönheitsbegriff, der nun gesucht wird, hat „eine andere Quelle [...] als die Erfahrung". Es soll der „reine V e r n u n f t b e g r i f f der Schönheit" sein. Oder „mit einem Wort: die Schönheit müßte sich als eine nothwendige Bedingung der Menscheit aufzeigen lassen." Schiller kommt immer wieder auf die durch die Vernunft bestimmte Idee der Menschheit zu sprechen. Diese ist durch Totalität des Charakters bestimmt worden. Nun will sich Schiller explizit „zu dem reinen Begriff der Menschheit [...] erheben" (ÄE, S. 42) und schlägt zu diesem Zwecke den „transcendentale[n] Weg" (ÄE, S. 43) ein. Er wechselt also die Methode. Von der empirischen Analyse um der Problemdiagnose willen geht er im elften Brief zur transzendentalen Deduktion über, damit der angekündigte „Beweis" zu Ende „geführt werden" (ÄE, S. 11) kann.

4. Die (Wieder-)Annäherung an die Totalität durch die Schönheit

4.1 Kurswechsel I: die transzendentale Deduktion oder die Doppelnatur des Menschen II - die Lehre von den zwei Trieben

Schiller muss seine „Idee der Schönheit", ihren reinen Vernunftbegriff, rechtfertigen. „Diese Rechtfertigung apriorischer Begriffe heißt seit Kant Deduktion, und die einzige Art, sie methodisch ins Werk zu setzen, ist der ‚transzendentale Weg'"[130].

Schiller gelangt über den Weg der transzendentalen Deduktion zu den „zwey letzten Begriffen", auf die der Mensch zurückzuführen sei. Der erste ist der Begriff „P e r s o n". Dieser Begriff bezeichnet etwas im Menschen, „das bleibt". Der zweite ist „Z u s t a n d". Er bezeichnet etwas, das „sich unaufhörlich verändert". Diese beiden „Bestimmungen" sind „ewig Zwey in dem endlichen" (ÄE, S. 43) also naturnotwendigen Menschen. Sie gründen in sich selbst und sind nicht aus einander ableitbar. Denn würden sie ineinander gründen, würde entweder der wechselnde „Zustand beharren" (ÄE, S. 44) oder die „Person sich ändern" (ÄE, S. 43). Damit würde aber entweder die „Endlichkeit" oder die „Persönlichkeit" (ÄE, S. 44) des Menschen aufhören.

Den Begriff der ‚Person' bringt Schiller mit der „Idee des absoluten, in sich selbst gegründeten Seyns, d. i. die F r e y h e i t" in Verbindung. Die Person ist das „ewig beharrende I C H". Dieser Zustand wiederum bedarf eines Grundes, einer „Bedingung alles abhängigen Seyns oder Werdens". Die Bedingung sieht Schiller in der „Z e i t" (ÄE, S. 44) gegeben. Nun sind die beiden Bestimmungen ‚Person' und ‚Zustand' zwar voneinander distinkt getrennt, können allerdings ohne einander nicht existieren. Um Person sein zu können, muss der Mensch einerseits „einen Anfang in der Zeit nehmen". Andererseits muss allem „Wechsel ein Beharrliches zum Grund liegen" (ÄE, S. 44). Principium (Person) und Initium (Zustand) des Menschen bedingen sich in Bezug auf die Möglichkeit seiner Existenz gegenseitig. Der Mensch beginnt in der Zeit und muss das Bewusstsein von seiner Person, seinem beharrenden Ich einerseits und der Realität, der Welt andererseits, erst „e m p f a n g e n" „und zwar [...] auf dem Wege der Wahrnehmung" (ÄE, S. 45): „Nicht weil wir denken, wollen, empfinden, sind wir; nicht weil wir sind, denken, wollen, empfinden wir. Wir sind, weil wir sind; wir empfinden, denken und wollen, weil ausser uns noch etwas anderes ist." (ÄE, S. 44)[131] Im Wechselspiel der äußeren Wahrnehmungen und inneren Empfindungen, die zu „Erfahrung, d. h. zur Einheit der Erkenntniß" (ÄE, S. 45) wer-

---

130 Janke 1967, S. 438.
131 Abgesehen von der Anspielung auf Descartes ist die Konstruktion der Trias „denken, wollen, empfinden" interessant. Hier zeigt sich nochmals die anthropologische Skizze Schillers, wonach der Wille frei zwischen dem Denken, der Vernunft und der Empfindung, der Sinnlichkeit, den Trieben etc. steht.

den, kann „das beharrliche Ich sich selbst zur Erscheinung" werden, welches sonst „zwar in der Anlage, aber nicht in der That" (ÄE, S. 44) existieren würde. Somit bedarf die in jedem Menschen angelegte „Persönlichkeit" der wechselnden Zustände „ausser ihm [...] im Raum", also der Anschauungen, und „in ihm [...] in der Zeit", also der Empfindungen, da ansonsten seine Anlage, sein beharrendes Ich „nichts als Form und leeres Vermögen" bleiben muss.

Würde der Mensch jedoch nur über „Sinnlichkeit" verfügen, wäre er „noch weiter nichts als Welt". Er würde in der endlosen Flut der Zustände nichts fixieren können. Es würde ihm nichts zu Bewusstsein kommen. Der Mensch muss aufgrund seiner Persönlichkeit der „Materie Form ertheilen" und er muss, um nicht „bloß Form zu seyn", seiner Anlage „Wirklichkeit", einen realen Zustand, geben.

Der Vergleich mit den dichotomen Beschreibungen, die Schiller in seiner empirischen Analyse liefert, zeigt, dass die Bestimmungen ‚Zustand' und ‚Person' deren abstrahierte Überbegriffe darstellen. Die aus der empirischen Erfahrung gewonnene Bestimmung der sinnlich-vernünftigen Doppelnatur des Menschen wird durch die transzendentale Deduktion bestätigt. Aus ihr „fließen nun zwey entgegengesetzte Anforderungen an den Menschen, die zwey Fundamentalgesetze der sinnlich-vernünftigen Natur." (ÄE, S. 46)

4.1.1 Formtrieb und Stofftrieb

Der Mensch muss „das Nothwendige i n u n s zur Wirklichkeit und das Wirkliche a u s s e r u n s dem Gesetz der Nothwendigkeit [...] unterwerfen". Zur Verwirklichung beider Anforderungen drängen den Menschen „zwey entgegengesetzte Kräfte", die Schiller in Anlehnung an Fichte[132] „Triebe" (ÄE, S. 46) nennt.

Der erste dieser Triebe ist der „s i n n l i c h e[...]" Trieb oder „Stofftrieb". Er hängt mit der „physischen" oder „sinnlichen Natur" des Menschen zusammen, mit der „Materie", womit Schiller „nichts als Veränderung oder Realität, die die Zeit erfüllt", meint. Von allen Möglichkeiten, die der Mensch hat, erfüllt sich in einem jeweiligen Zustand immer nur eine. Alle anderen bleiben unerfüllt, da „alles, was in der Zeit ist, n a c h e i n a n d e r ist". Der Mensch wäre im äußersten Fall, wenn nur der Stofftrieb herrschte, derart begrenzt, dass er nicht einmal Mensch wäre, sondern nur Tier, „denn seine Persönlichkeit ist solange aufgehoben, als ihn die Empfindung beherrscht, und die Zeit mit sich fortreißt."

Der Stofftrieb ist der vorgängige Trieb. Er umfasst die physische Existenz des Menschen, seine Stofflichkeit, Materialität, aber auch seine Sinnlichkeit, und seine Triebnatur, mithin seine „Empfindung" (ÄE, S. 47). An ihm ist „zuletzt

---

132 Zum Verhältnis Schiller – Fichte vgl. vor allem Pott 1980.

die ganze Erscheinung der Menschheit befestigt". Der Stofftrieb ermöglicht das Dasein überhaupt, verunmöglicht aber die „Vollendung" des Menschen, da er „mit unzerreißbaren Banden [...] den höher strebenden Geist an die Sinnenwelt" „fesselt" (ÄE, S. 48).

Nach der Vollendung, dem „absoluten Daseyn" zu streben, ist Aufgabe des zweiten Triebes, den Schiller „Formtrieb" nennt. Im Gegensatz zum Stofftrieb, der durch die sinnlichen Triebe bereits gegeben ist, muss die „vernünftige[...] Natur" erst zur Kraft werden. „Wenn die Wahrheit im Streit mit den Kräften den Sieg erhalten soll, so muß sie selbst erst zur K r a f t werden, und zu ihrem Sachführer im Reich der Erscheinungen einen T r i e b aufstellen." (ÄE, S. 31) Dieser andere Trieb ist bestrebt, den Menschen „in Freyheit zu setzen". Er tut dies, indem er – bei allem Wechsel – die „Person" behauptet. Dieser Trieb ist zuständig für das „absolute Daseyn", für „Harmonie in der Verschiedenheit". Er will, dass „das Ewige und Nothwendige wirklich sey". Er „dringt auf Wahrheit und auf Recht", auf unabänderliche „G e s e t z e" (ÄE, S. 48) und damit auch auf „Allgemeinheit" (ÄE, S. 49). Er stellt „die Gesetze für jedes Urtheil" und „für jeden Willen" (ÄE, S. 48) auf, womit Schiller auf die theoretische und praktische Vernunft Kants anspielt. Nicht zuletzt ist es der Formtrieb, der die Individuen in die „I d e e n – E i n h e i t" der „Gattung" (ÄE, S. 49) erhebt.

Während es bereits in der Natur des Formtriebs liegt, nach ‚Totalität' zu streben, fesselt der Stofftrieb den Menschen an wechselnde Zustände und hindert ihn daran, zur ‚Totalität' zu werden. Auch sonst stehen sich die beiden Triebe, die Schiller als Fundamentalgesetze des Menschen herausgearbeitet hat, scheinbar unvereinbar gegenüber. Repräsentiert der Stofftrieb die Triebe und deren permanente Befriedigung im ständigen Wechsel der äußeren und inneren Bedingungen, so repräsentiert der Formtrieb abstrakte und absolute Prinzipien, wie unbedingte Wahrheit, Freiheit, Einheit, Gleichheit oder Ewigkeit. Legt man die Bestimmung aus den *Kallias-Briefen* zugrunde, dass Freiheit „Nichtvonaußenbestimmtsein" (KB, S. 35) sein soll, bedeutet das für den Menschen zweifache Unfreiheit. Denn während die *Natur* durch ihre ihr eigenen Naturgesetze in einem gewissen Sinne *autonom* ist, ist es der Mensch, sobald er die Natur verlässt, nicht mehr. Nun steht die Autonomie des die physische Natur des Menschen vertretenden Stofftriebs im Gegensatz zur Autonomie des Menschen, vertreten durch den Formtrieb. Ernst Cassirer hat daher zu Recht über Schillers Theorie behauptet: „Die Natur ist ihm der Widerstreit und die Antithese zum Gedanken der Freiheit."[133] Einerseits greift die sinnliche Natur in der Form des Stofftriebs vehement in den Bereich des Formtriebs und damit in die vernunftnotwendige Freiheit des Menschen ein, der dadurch sein ‚Nichtvonaußenbestimmtsein' nicht behaupten kann. Andererseits greift der Formtrieb von außen in den Bereich des Stofftriebs ein, indem er beispielsweise die Mannigfaltigkeit nur in abstracto,

---

133 Cassirer 2001, S. 285.

aber nicht in ihrer Fülle erfassen kann. Durch die Doppelnatur des Menschen verfügt dieser über zwei Innen, den Formtrieb und den Stofftrieb, die ihr ‚Nichtvonaußenbestimmtsein' beide nicht aufrechterhalten können. Vor diesem Hintergrund wird es dem Menschen unmöglich, seine Freiheit und die der Gattung zu entfalten. Schiller konstruiert aus seinen apriorischen Fundamentalbestimmungen eine Aporie der Unfreiheit, und es „scheint nichts einander mehr entgegen gesetzt zu seyn, als die Tendenzen dieser beyden Triebe". Eine Vermittlung durch einen dritten „G r u n d t r i e b" ist ausgeschlossen, da er „schlechterdings ein undenkbarer Begriff" (ÄE, S. 50) ist. Die Aporie scheint unüberwindbar.

Im dreizehnten Brief führten beide Methoden, die Schiller zunächst zur Rechtfertigung seiner Idee der Schönheit herangezogen hatte, in eine Sackgasse. Die empirische Analyse bleibt ohne historische Beispiele für den positiven Einfluss der Kunst auf die politische Freiheit. Und die transzendentale Deduktion endet in einer Aporie, da die einander entgegen gesetzten apriorischen Triebe des Menschen nicht miteinander vereinbar zu sein scheinen.

Dennoch gibt Schiller sein Vorhaben, einen Weg zur Herstellung der ‚Totalität des Charakters' aufzuzeigen, nicht auf. Ganz im Gegenteil kündigt er an, im Folgenden zu zeigen, wie die Doppelnatur des Menschen wieder in die harmonische „Einheit der menschlichen Natur" (ÄE, S. 50) zurückgeführt werden kann. Die Antithese von Natur und Freiheit soll in eine Synthese des harmonischen Miteinanders von *Natur* und *Freiheit* überführt werden. Denn die scheinbar unvereinbar entgegen gesetzten Triebe sind „von Natur aus nicht entgegengesetzt". Zwar widersprechen sich „ihre T e n d e n z e n" aber „nicht in denselben Objekten". Der Stofftrieb ist demnach auf einer völlig anderen Ebene angesiedelt als der Formtrieb: „Der sinnliche Trieb fordert zwar Veränderung, aber er fordert nicht, daß sie sich auf die Person und ihr Gebiet erstrecke." Das Problem der Totalisierung ist aber durch die Erkenntnis, dass die Triebe *von Natur aus* auf verschiedenen Ebenen operieren, noch nicht gelöst, da sie sich „durch eine freye Übertretung der Natur [...] selbst misverstehn, und ihre Sphären verwirren." (ÄE, S. 50) Die freie Übertretung der Natur ist die Kultur (Rousseau), weshalb die Triebe zwar nicht von Natur aber von Kultur aus einander entgegengesetzt sind. Die Kulturhaftigkeit gehört zur transzendentalen Deutung des Menschen und wäre im Bereich des Formtriebs anzusiedeln. Wie aber kann nun die Verwirrung der Triebe wieder aufgehoben werden? Schillers Antwort lautet: durch die Schönheit.

4.1.2 Die mögliche Versöhnung durch den Spieltrieb I

Schiller fragt nach der Bedingung der Möglichkeit einer durch Vereinigung der Triebe die Totalität des Charakters konstituierenden Schönheit. Wenn es sich zeigen ließe, dass „mit dem Ideale der Menschheit [...] zugleich auch das Ideale der Schönheit gegeben" (ÄE, S. 67) wäre, hätte Schiller über den transzendentalen Weg seine Eingangsthese bewiesen, „daß man, um jenes politische Problem in der Erfahrung zu lösen, durch das ästhetische den Weg nehmen muß, weil es die Schönheit ist, durch welche man zur Freyheit wandert." (ÄE, S. 11)

Um ein harmonisches Wechselverhältnis der beiden Triebe zu erhalten, bedarf es nach Schillers Meinung eines dritten, „neuen Trieb[es]", der per definitionem allerdings ausgeschlossen ist. Die transzendentale Deduktion lieferte schließlich genau zwei Triebe, die den Menschen konstituieren. Der Mittelweg liegt in einem dritten Trieb, der genau genommen kein dritter Trieb ist, sondern eine Synthese aus den beiden fundamentalen Trieben und sich daher qualitativ von den anderen beiden unterscheidet. Schiller nennt diesen Trieb „S p i e l t r i e b" (ÄE, S. 56). Während der Stofftrieb das Gemüt „physisch" „durch Naturgesetze" nötigt, nötigt der Formtrieb „moralisch" „durch Gesetze der Vernunft". Der Spieltrieb nötigt nun „das Gemüth zugleich moralisch und physisch". Durch diese doppelte Nötigung wird „alle Nöthigung" (ÄE, S. 57) in dreifachem Sinne aufgehoben:

1) „*Aufheben* als *Beseitigen* = *tollere*": Nicht die Macht der Triebe wird aufgehoben, sondern die Vormacht des jeweiligen Triebes, so dass das „*Macht*verhältnis" zur Symmetrie ausbalanciert wird.
2) „*Aufheben* als *Aufbewahren* = *conservare*": Da die Machtverhältnisse ausbalanciert werden, indem nur der Überschuss der Triebe negiert wird, bleiben die Triebe erhalten.
3) „*Aufheben* als *Hinaufheben* = *elevare*"[134]: Da beide Triebe von ihrem schädlichen, auf den jeweils anderen Trieb übergreifenden Überschuss gereinigt sind, werden sie zu einer harmonischen, höherwertigen Zusammenstimmung veredelt.

Im Spieltrieb sind die beiden Triebe versöhnt. Sie sind beide zugleich in ihrer jeweiligen Sphäre entfaltet, ohne in die jeweils andere Sphäre überzugreifen. Der Spieltrieb soll dabei durch die Schönheit ausgelöst werden. Wie aber hängen der Spieltrieb und die Schönheit zusammen?

Schiller stellt durch ein geschicktes Begriffsarrangement den Zusammenhang zwischen Schönheit und Spieltrieb her. So bestimmt er zunächst den Gegenstand des Stofftriebs „in einem allgemeinen Begriff ausgedrückt" als „L e b e n, in weitester Bedeutung". Der Gegenstand des Stofftriebs hingegen soll „G e s t a l t" heißen, „sowohl in uneigentlicher als in eigentlicher Bedeutung" (ÄE, S. 58). „Der Gegenstand des Spieltriebes in einem allgemeinen Schema vorgestellt, wird also l e b e n d e G e s t a l t heißen können; ein Begriff, der allen ästhetischen Beschaffenheiten der Erscheinungen, und mit einem Worte dem, was man in weitester Bedeutung S c h ö n h e i t nennt, zur Bezeichnung dient." (ÄE, S. 58) Schiller gelingt es somit, die transzendentale Deduktion ab-

---

134 Vgl. Heidegger 2005, S. 65.

zuschließen und zu zeigen, dass die Schönheit eine notwendige Bedingung der Menschheit ist. Durch die Schönheit als Leben und Gestalt *zugleich* können Formtrieb und Stofftrieb *zugleich* aktiviert und im freien Spiel[135] des Spieltriebs aufgehoben werden. Dies ist die Bedingung der Möglichkeit dafür, dass die Idee der Menschheit, d. h. die Totalität des Charakters und damit verbunden die wahre Freiheit verwirklicht werden können. In der durch die Schönheit ausgelösten Freiheit von Nötigung und Zwang befindet sich das Gemüt „in einer glücklichen Mitte zwischen dem Gesetz und Bedürfniß" (ÄE, S. 60). Darin liegt auch die Möglichkeit der harmonischen Annäherung von Neigung und Pflicht, denn „das Leben wird gleichgültiger, so wie die Würde sich einmischt, und die Pflicht nöthigt nicht mehr, sobald die Neigung zieht." (ÄE, S. 61) Mit der Vernunftidee der Menschheit, so Schillers Fazit, ist auch die Vernunftidee der Schönheit gegeben. Die Vernunft fordert „aus transcendentalen Gründen" die Vereinigung von „Formtrieb und Stofftrieb" und damit den „Spieltrieb", denn wenn sie fordert, dass eine Menschheit im umfassenden, d. h. idealen Sinne existieren soll, muss ihre Forderung ebenso sein: „es soll eine Schönheit sein." (ÄE, S. 59)

Schiller hat durch den Wechsel von empirischer Analyse hin zur transzendentalen Deduktion gezeigt, dass Schönheit aus reinen Vernunftgründen notwendig ist, um die Herstellung der Totalität des Charakters zu ermöglichen. Wie aber steht es mit der Praxistauglichkeit? Schiller hatte den transzendentalen Weg gewählt, um den negativen Erfahrungen mit der Schönheit zu begegnen. Dem in der empirischen Analyse rekonstruierten Dualismus zwischen Vernunft und Natur in der Natur des Menschen entsprechen in der transzendentalen Analyse der Formtrieb und der Stofftrieb. Schiller könnte nun seine Abhandlung schließen[136], da er seine Eingangsthese, dass man „durch das ästhetische den Weg nehmen muß", wenn „man zu Freyheit" wandern will, belegt hat. Da er sich jedoch auch der Aufgabe stellt, „jenes politische Problem in der Erfahrung zu lösen" (ÄE, S. 11), muss er sich einer Operationalisierung von Schönheit widmen:

„So lange es bloß darauf ankam, die allgemeine Idee der Schönheit aus

---

135 Das Vorbild hierfür dürfte in Kants Kritik der Urteilskraft zu finden sein: „Die Erkenntnißkräfte, die durch diese Vorstellung ins Spiel gesetzt werden, sind hiebei in einem freien Spiele, weil kein bestimmter Begriff sie auf eine besondere Erkenntißregel einschränkt." (Kant 1995, S. 74)

136 Vgl. hierzu: Zelle 2005, S. 436. Zelle stellt fest, dass Schiller seine transzendentale Deduktion erfolgreich „zur Geltung zu bringen vermag", sich jedoch durch den „Gang der empirischen Vielfalt der Ästhetik" einen „Widerspruch in der Systematik" einhandelt, der letztlich den „Abbruch" der *Ästhetischen Briefe* „erzwingt". Es ist anzunehmen, dass es Schiller beim Gang durch die empirische Vielfalt wiederum um die Idee der Totalität geht. Das Ideal soll ja aus Möglichkeit und Notwendigkeit erstellt werden. Die vernunftnotwendige Idee der möglichen Wirkung der Schönheit auf die Freiheit ist bewiesen. Es fehlt zur Erfüllung des Ideals die Bestimmung der realen Wirkung der Schönheit auf den Menschen in der Zeit.

dem Begriffe der menschlichen Natur überhaupt abzuleiten, durften wir uns an keine andere Schranken der letztern erinnern, als die unmittelbar in dem Wesen derselben gegründet und von dem Begriffe der Endlichkeit unzertrennlich sind." (ÄE, S. 67)

„Jetzt aber steigen wir aus der Region der Ideen auf den Schauplatz der Wirklichkeit herab, um den Menschen i n e i n e m b e s t i m m t e n Zustand, mithin unter Einschränkungen anzutreffen, die nicht ursprünglich aus seinem bloßen Begriff, sondern aus äußern Umständen und aus einem zufälligen Gebrauch der Freyheit fließen." (ÄE, S. 68)[137]

4.2 Kurswechsel II: die Operationalisierung von Schönheit oder die mögliche Versöhnung durch den Spieltrieb II

4.2.1 Die doppelte Aufgabe der Kultur: schmelzende und energische Schönheit

Schiller wendet nun den Blick vom Menschen in der Idee zum Menschen in der Zeit. Dieser ist *von Natur aus* ein Zwittergeschöpf, dessen Doppelnatur und damit seine Triebe „bey jenem schönen Erwachen der Geisteskräfte noch kein strenge geschiedenes Eigenthum" (ÄE, S. 21) hatten. Aber der Mensch entfernte sich, da er *von der Natur* mit Vernunft ausgestattet wurde, im Laufe der Kulturgeschichte von der Natur. Der Fortschritt durch seine Vernunft wird so zur fortschreitenden Entfernung von der Natur selbst und damit von seiner natürlichen Einheit und Harmonie, zu der der Mensch auf einer höheren Ebene wieder zurückkehren soll. Schiller wird dieses Thema in seiner anschließenden Schrift *Über naive und sentimentalische Dichtung* von 1795/96 wieder aufgreifen. Auch dort wird er den Mythos vom ‚schönen Griechentum' in der Form des ‚naiven Dichters' ähnlich wie in den *Ästhetischen Briefen* wieder in Stellung bringen: „Sie [die naiven Dichter, mithin die Griechen; M.G.] sind, was wir w a r e n; sie sind, was wir wieder w e r d e n s o l l e n. Wir waren Natur, wie sie, und unsere Kultur soll uns, auf dem Wege der Vernunft und der Freyheit, zur Natur zurückführen." (NSD, S. 8f.) Der Mensch hat durch das Fortschreiten von der ursprünglichen natürlichen Einheit die Schere zwischen seinen Trieben immer weiter geöffnet, so dass sie nun „entgegengesetzt" erscheinen. Dies geschah „durch eine freye Uebertretung der Natur" des Menschen[138], indem sich die bei-

---

137 Die ‚nicht ursprüngliche Einschränkung' des Menschen klingt recht rousseauisch. Vgl. bspw. auch: „Die Kultur war es, welche der neuern Menschheit diese Wunde schlug." (ÄE, S. 22)
138 Hier deutet sich bereits eine mögliche Versöhnung der beiden Triebe an. Denn wenn es in der Freiheit des Menschen lag, die natürlichen Grenzen zu übertreten, so könnte es ebenso in seiner Freiheit liegen, diese Grenzen wiederherzustellen.

den Triebe „selbst misverstehn, und ihre Sphären verwirren." (ÄE, S. 50)[139] Durch dieses interne Missverständnis kommt es zu den wechselseitigen Übergriffen der Triebe im entfremdeten Menschen, so dass der Mensch „auf eine zweyfache Weise seine Bestimmung" verfehlt. Einerseits, indem er den Stofftrieb als „das empfangende Vermögen zum bestimmenden mach[t]". Oder andererseits, indem er die „Extensität, welche der leidenden Kraft gebührt, der thätigen zuteil[t]". „In dem ersten Fall wird er nie E r s e l b s t, in dem zweyten wird er nie e t w a s A n d e r e s s e y n." (ÄE, S. 52)

Die Parallele zu den beiden Charakteren, die Schiller in seiner empirischen Analyse abstrahierte, ist evident. Ein Mensch, der nie zu sich kommt, nie wirklich ‚Er selbst' ist, hat einen ‚schlaffen' oder sich ‚auflösenden Charakter'. Er zeichnet sich durch „Schlaffheit" (ÄE, S. 55) aus und wird von den Fluten der auf ihn eindringenden Reize fortgerissen. Auch die Vergnügungssucht und die „Schwärmerey" gehören hierher. Ein Mensch dagegen, der sich nicht wandeln möchte, hat einen ‚verhärteten Charakter'. Er zeichnet sich durch „Härte und [...] Kaltsinnigkeit" (ÄE, S. 54) aus, lebt nur nach starren Prinzipien und verkennt dabei die Erfordernisse einer sich stetig ändernden Realität. Spitzt man die Betrachtung ‚transzendental' zu, so ist jemand, der weder ‚Er selbst' noch je ‚etwas Anderes' sein kann, „mithin eben darum in beyden Fällen k e i n e s v o n b e y d e n, folglich – Null". (ÄE, S. 52) Wie aber kann die Verwirrung der Triebe wieder aufgehoben werden?

Schillers Antwort lautet: Es sind „einem jeden dieser beyden Triebe seine Grenzen zu sichern". Und diese Grenzsicherung „ist die Aufgabe der Kultur" (ÄE, S. 51). Die einseitige Unterordnung der Sinnlichkeit oder des Stofftriebs unter die Vernunftgesetze oder den Formtrieb lehnt Schiller dabei wiederholt ab:

---

139 Schiller merkt an dieser Stelle in einer Fußnote an: „Sobald man einen ursprünglichen, mithin notwendigen Antagonism beyder Triebe behauptet, so ist freylich kein anderes Mittel die Einheit im Menschen zu erhalten, als daß man den sinnlichen Trieb dem vernünftigen unbedingt u n t e r o r d n e t. Daraus kann aber bloß Einförmigkeit, aber keine Harmonie entstehen" (ÄE, Anm. S. 50). Die Subordination bewertet Schiller nicht prinzipiell negativ, aber sie sollte nicht statisch sein. Als ‚Wechselwirkung' vorgestellt, würde daraus ein dynamischer Wechsel von Subordination und Koordination. Schiller wendet sich damit erneut gegen den ‚Vernunftrigorismus' Kants und behauptet implizit, dass dieser selbst einer falschen Schlussfolgerung aufsitzt, die durch fortschreitende Depravation bedingt ist: nämlich dem durch den Formtrieb einseitig bedingten statischen Primat der Vernunft. Überhaupt wird an dieser Stelle erneut die Stoßrichtung der Schillerschen Kritik an der Einseitigkeit der Aufklärung deutlich. So hat nach Schiller die sinnliche Natur des Menschen die gleiche Berechtigung wie seine vernünftige. Wobei es nicht darum geht, die Vernunft zur Sklavin der Leidenschaften (Hume) verkommen zu lassen. Es kommt vielmehr auf die richtige Mischung, das richtige dynamische Wechselverhältnis an.

„Ihr Geschäft ist also doppelt: e r s t l i c h : die Sinnlichkeit gegen die Eingriffe der Freyheit zu verwahren: z w e y t e n s : die Persönlichkeit gegen die Macht der Empfindungen sicher zu stellen. Jenes erreicht sie durch Ausbildung des Gefühlsvermögens, dieses durch Ausbildung des Vernunftvermögens." (ÄE, S. 51)

Es geht darum, beide Triebe innerhalb der Grenzen ihrer Sphäre auszubilden und zu intensivieren. Dies würde bedeuten, sie ihrer ursprünglichen Natur auf dem Umwege der Kultur wieder anzunähern.

Auf der einen Seite soll der Mensch seine „Empfänglichkeit" ausbilden. Denn je offener, „beweglicher" und weiter seine Sinne sind, „desto mehr Welt e r g r e i f t der Mensch, desto mehr Anlagen entwickelt er in sich." (ÄE, S. 52) Auf der anderen Seite soll er seiner „Persönlichkeit" mehr „Kraft und Tiefe" verleihen. Je unabhängiger die Vernunft ihre ‚Formen' auf den ‚Stoff' anwenden kann, „desto mehr Welt b e g r e i f t der Mensch" (ÄE, S. 52).[140] Die Aufgaben der „K u l t u r" liegen also „e r s t l i c h" in der Bereitstellung von äußeren Reizen, von Stoff und Ermöglichung „der vielfältigsten Berührungen mit der Welt" sowie in einer unvoreingenommenen Öffnung des Menschen zur höchsten „Passivität" „auf Seiten des Gefühls" (ÄE, S. 52). Und „z w e y t e n s" liegen die Aufgaben der Kultur darin, „auf Seiten der Vernunft die Aktivität" sowie die „Unabhängigkeit" des Formtriebs gegenüber des Stofftriebs „aufs höchste zu treiben." (ÄE, S. 52)

Schiller sieht diese doppelte Aufgabe der Kultur zunächst in der „Abspannung" (ÄE, S. 54) der Triebe. Jeder der beiden soll in seiner Energie derart eingeschränkt werden, dass er nicht mehr auf den jeweils anderen übergreift. Diese Abspannung soll allerdings nicht den jeweiligen Trieb innerhalb seiner Sphäre einschränken, sondern ihn nur „in seinen gehörigen Schranken halten". Andernfalls würde die Abspannung des Stofftriebs zu „Stumpfheit" und diejenige des Formtriebs zu „Schlaffheit" (ÄE, S. 55) führen. Um „Stumpfheit" und „Schlaffheit", wo sie vorhanden sind, zu kurieren, beziehungsweise „um beyde [Triebe; M.G.] in ihrer Kraft zu erhalten", muss die Kultur wiederum ein Instrument mit „anspannende[r] Wirkung" (ÄE, S. 64) bereithalten. Das Kulturinstrument, das die Triebe sowohl anzuspannen als auch abzuspannen vermag, soll die „Schönheit" (ÄE, S. 64) sein.

---

140 Diese Aussagen, wie die folgenden („Wo beyde Eigenschaften sich vereinigen, da wird der Mensch mit der höchsten Fülle von Daseyn die höchste Selbständigkeit und Freyheit verbinden, und anstatt sich an die Welt zu verlieren, diese vielmehr mit der ganzen Unendlichkeit ihrer Erscheinungen in sich ziehen und der Einheit seiner Vernunft unterwerfen." ÄE, S. 52) stehen dem Bildungsideal Wilhelm von Humboldts sehr nahe, mit dem Schiller regen Briefverkehr pflegte und der kurz vor seinem Tode schrieb: „[Wer], wenn er stirbt, sich sagen kann: Ich habe so viel Welt als ich konnte erfasst und in meine Menschheit verwandelt, der hat sein Ziel erreicht." (Zit. nicht nachgewiesen; personal communication: Madeleine Sanchino Martinez)

Während die „Schönheit in der Idee [...] ewig nur eine untheilbar ganze ist", wird „die Schönheit in der Erfahrung" gemäß ihrer beider Aufgaben, sowohl anzuspannen als auch aufzulösen, „ewig eine doppelte seyn" (ÄE, S. 64). Bezüglich des unteilbaren „Ideal-Schönen" werden die beiden Aufgaben „nur in der Vorstellung unterschieden", wohingegen sie „in dem Schönen der Erfahrung der Existenz nach verschieden" (ÄE, S. 65) sind. Das Ergebnis dieser Operationalisierung sind zwei Formen der Schönheit, die zur Therapie eingesetzt werden sollen: „in der Erfahrung g i e b t es eine schmelzende und energische Schönheit." (ÄE, S. 65) Die beiden Formen entsprechen den Bedürfnissen des schlaffen und des verhärteten Charakters, beziehungsweise jenen „zwey entgegengesetzten Formen der Menscheit" nämlich des „abgespannten" und des „angespannten Menschen" (ÄE, S. 67).

Wie alles in der unidealen Wirklichkeit, hat allerdings auch die zweifache Schönheit ihre Tücken. Schiller hat bereits in seiner historischen Analyse im elften Brief, Rousseau Tribut zollend, eingeräumt, dass die Schönheit in der Geschichte allzu oft nicht zur Freiheit führte. Jetzt kann er die Gründe benennen: „Die energische Schönheit kann den Menschen eben so wenig vor einem gewissen Ueberrest von Wildheit und Härte bewahren, als ihn die schmelzende vor einem gewissen Grade der Weichlichkeit und Entnervung schützt." (ÄE, S. 65) So kann es geschehen, dass die energische Schönheit nicht nur die Triebe innerhalb ihrer Grenzen anspannt, sondern über das Ziel hinausschießt. Wobei ihre anspannende Kraft, beispielsweise auf den Formtrieb wirkend, dazu führte, dass „in den Zeitaltern der Regel und der Form die Natur eben so oft unterdrückt als beherrscht" wurde (→1) (Vgl. Schema II, S. 63). Andererseits kann die schmelzende Wirkung der Schönheit dazu führen, „daß mit der Gewalt der Begierden auch die Energie der Gefühle erstickt wird" (ÄE, S. 66) (→2). Für die übertriebene Anspannung des Formtriebs und die übertriebene Abspannung des Stofftriebs hat Schiller somit Beispiele genannt. Muss aber nicht auch die anspannende Wirkung auf den Stofftrieb und die abspannende Wirkung auf den Formtrieb berücksichtigt werden? Die Gefahr der Abspannung des Formtriebs ist Erschlaffung oder Weichlichkeit (→3). Die Gefahr der Anspannung des Stofftriebs über seine Grenzen wäre demnach Wildheit (→4). Diese vierwertige Typologie möglicher anthropologischer Verfehlungen hatte Schiller bereits in seiner empirischen Analyse der zivilisierten und niederen Klassen entwickelt. Gilt es nun, für jeden der vier Fälle eine Form der Schönheit zu finden, die harmonisierend wirkt?

Die Antwort lautet: Ja und Nein. Denn bezüglich der Ideal-Schönheit soll die Schönheit „auflösen, dadurch daß sie beyde Naturen gleichförmig anspannt, und soll anspannen, dadurch daß sie beyde Naturen gleichförmig auflöst." (ÄE, S. 65) Dies ist aber nur der idealen Schönheit möglich, da sie „schlechterdings nur eine einzige" ist und die wechselseitige Harmonisierung der Triebe als ‚lebende Gestalt' auslöst.

Primäres Verhältnis	Civilisirte Klasse				Niedere Klassen			
	Formtrieb > Stofftrieb		Stofftrieb > Formtrieb		Formtrieb > Stofftrieb		Stofftrieb > Formtrieb	
Sekundäres Verhältnis	Formtrieb > Stofftrieb	Stofftrieb > Formtrieb	Stofftrieb > Formtrieb	Formtrieb > Stofftrieb	Formtrieb > Stofftrieb	Stofftrieb > Formtrieb	Stofftrieb > Formtrieb	Formtrieb > Stofftrieb
	2×Formtrieb= Mangel an Übereinstimmung (S. 68) (→**AnI**) Härte	Mangel an Energie? (S. 68) (→**AbI**) Erschlaffung	Mangel an Energie? (S. 68) (→**AbI**) Rohigkeit	2×Stofftrieb= Mangel an Übereinstimmung (S. 68) (→**AnII**) Wildheit				
Menschentyp	Angespannter Mensch I (Härte, S. 65)	Abgespannter Mensch I (Weichlichkeit, S. 65)	Abgespannter Mensch II (Entnervung, S. 65)	Angespannter Mensch II (Wildheit, S. 65)				

Schmelzende Schönheit	HARMONISIERUNG *durch Abspannung des Formtriebs zurück in seine Grenze*	(→3) Gefahr der Weichlichkeit (S.65) *durch weitere Abspannung hauptsächlich des Formtriebs*	(→2) Gefahr der Erstickung von Gefühlen (S. 66). o. Entnervung (S. 65) *durch Abspannung hauptsächlich des Stofftriebs*	HARMONISIERUNG *durch Abspannung des Stofftriebs zurück in seine Grenze*			
Energische Schönheit	(→1) Gefahr der Härte und weiteren Verhärtung (S. 66) *durch Anspannung des Formtriebs*	HARMONISIERUNG *durch Anspannung beider Triebe in ihren Grenzen*	HARMONISIERUNG *durch Anspannung beider Triebe in ihren Grenzen*	(→4) Gefahr der Wildheit (S. 65) und weiteren Verwilderung *durch Anspannung des Stofftriebs*			

◯ Zustand der Harmonie   ⚡ Gefahr des Umschlagens in die jeweils andere Form der Depravation

Schema II: Die Wirkungen von schmelzender und energischer Schönheit.

Bezüglich der empirischen Wirklichkeit allerdings analysierte Schiller vier verschiedene Formen von Beziehungen zwischen Formtrieb und Stofftrieb. Diese kommen dadurch zustande, dass Schiller einem primären Verhältnis der Klassenzugehörigkeit, was als *primäres Verhältnis* der Triebe dargestellt werden kann, noch jeweils ein *sekundäres Verhältnis* zugesellt. Auf diese Weise finden sich in der zivilisierten Klasse und in den niederen Klassen je zwei Typen von Menschen.

Der erste Typus wird durch eine Häufung oder *Überanspannung* des Formtriebs auf Kosten des Stofftriebs und damit „einem Mangel an Uebereinstimmung" (ÄE, S. 68) der Triebe geprägt. Er zeichnet sich durch „*Härte*" (ÄE, S. 65; Herv. M.G.) aus. Er ist der erste Typus des *angespannten* Menschen (→**AnI**) (vgl. Schema II auf S. 63). Beim zweiten Typus des *angespannten Menschen* handelt es sich um einen Typus aus den niederen Klassen und zwar um denjenigen, bei dem sich eine Häufung oder *Überanspannung* des Stofftriebs findet (→**AnII**). Dieser Typus zeichnet sich durch „*Wildheit*" (ÄE, S. 65; Herv. M.G.) aus.

Beim ersten Typus des *abgespannten Menschen* in der zivilisierten Klasse besteht zwar „die Einheit seiner Natur", da Form- und Stofftrieb sich relativ gesehen ausgleichen. Aber die scheinbare Harmonie gründet sich „auf die gleichförmige Erschlaffung seiner sinnlichen und geistigen Kräfte" (ÄE, S. 68). Er zeichnet sich durch *Erschlaffung* oder „*Weichlichkeit*" (ÄE, S. 65; Herv. M.G.) aus (→**AbI**). Der zweite Typus des *abgespannten Menschen* ist den niederen Klassen zugeordnet. Auch bei ihm sind Stoff- und Formtrieb, relativ gesehen, ausgeglichen. Aber auch hier täuscht die Harmonie. Dieser Typus zeichnet sich durch *Rohheit* oder „*Entnervung*" (ÄE, S. 65; Herv. M.G.) aus (→**AbII**).

Schiller reduziert durch diese Zusammenfassung das vierwertige Schema auf ein zweiwertiges und kann behaupten, es gebe „im Ganzen nur z w e y entgegengesetzte Abweichungen" (ÄE, S. 68) des Menschen von seiner idealen Vollkommenheit. Demnach gibt es in der empirischen Wirklichkeit nur einen Typus Mensch, bei welchem ein Trieb zuungunsten des anderen überangespannt ist (→**AnI** und →**AnII**). Hier rät Schiller zur „Abspannung", also zur schmelzenden Schönheit. Und es gibt einen anderen Typus Mensch, bei dem beide Triebe erschlafft sind (→**AbI** und →**AbII**). Hier rät Schiller zur „Anspannung" (ÄE, S. 68), also zur energischen Schönheit.

Aus diesem Schema ergibt sich, dass sowohl zur Kurierung der Erschlaffung oder Verweichlichung in der zivilisierten Klasse als auch der Rohigkeit, Entnervung oder Verrohung in den niederen Klassen die energische Schönheit dient. Zur Kurierung der Verhärtung und übermäßigen formalen Regelstrenge in der zivilisierten Klasse wie der Wildheit oder Verwilderung in den niederen Klassen soll die schmelzende Schönheit herangezogen werden.[141]

Wie aber soll die schmelzende Schönheit gegen Verhärtung und Wildheit und wie die energische gegen Erschlaffung und Verrohung wirken? Und wie soll die Schönheit dem jeweiligen Typus angemessen zum Einsatz kommen? Ein wesentliches Problem besteht für Schiller darin, dass die Kunst allzu oft das genaue „Gegenteil" eines positiven Effekts auf den menschlichen Charakter zeitigte, weil beispielsweise „ihre seelenfesselnde Kraft für Irrtum und Unrecht" instrumentalisiert wurde (vgl. ÄE, S. 40 ff. und S. 66). Schillers Schema zeigt, dass dies durch einen falschen Gebrauch der Schönheit prinzipiell immer möglich ist. Zum einen gibt es durch die zwei unterschiedenen Formen von Schönheit jeweils genau zwei Fälle, in denen es zur Harmonisierung kommen kann, wobei sowohl die schmelzende Schönheit als auch die energische Schönheit über das Ziel hinausschießen können. So kann die Abspannung von Anspannung zu Abgespanntheit führen, wie die übermäßige Anspannung der Abgespanntheit zu Angespanntheit führen kann. Die Kurierung der einen Form kultureller Depravation kann geradewegs in die andere Form der Depravation umschlagen (in Schema II mit ↙↗ markiert). Wendet man auf angespannte Menschen die energische Schönheit an, kommt es zur Verstärkung der Anspannung. Das gleiche gilt für die Abspannung. Schillers Schema zufolge wären die vier möglichen Harmonien äußerst instabil, zumal ihre *punktgenauen* Ausbalancierungen nicht statisch, sondern dynamisch zu denken sind. Diese punktuellen Zustände der ausgeglichenen Harmonie (in Schema II mit ◯ markiert) sind nur durch höchst präzise Dosierung der jeweiligen Form der Schönheit zu erreichen und aufrechtzuerhalten. Das Vorhaben, Menschen mit Schönheit zu kurieren, gerät so zu einem Balanceakt im permanenten Wechselspiel von Diagnose und Therapie im jeweils einzelnen Fall. Denn was für den einen gut ist, ist für einen anderen schon schädlich. Auch ein ‚Cocktail' von schmelzender und energischer Schönheit kann nicht zum Ziel führen, da dieser ebenfalls nachteilige Wirkung zeitigen würde. Wie soll aber ein Künstler so viele Einzelfälle berücksichtigen? Wie sollte dies ein Dichter bewerkstelligen, dessen Werke von Menschen gelesen werden, die er nie zu Gesicht bekommt?

Ein weiteres Problem, das sich aus Schillers Schema ergibt, ist die Frage nach der Durchlässigkeit der Klassen. Da die Therapie auf der Ebene der sekundären Triebverhältnisse abgehandelt wird, stellt sich die Frage, wie es um das primäre Verhältnis steht. Das primäre Triebverhältnis entscheidet über die Klassenzugehörigkeit. Im Fall der zivilisierten Klasse haben wir es mit einer Überanspannung des Formtriebs zu tun. Im Falle der niederen Klasse hingegen ist der Stoff-

---

141 Der Verdacht, Schiller verfalle trotz seiner Kritik der Aufklärung selbst einem für eben diese so typischen „reinen Intellektualismus" (Cassirer, zit. nach Tschierske 1988, S. 67.), d. h. dass er am Primat des Gedanklichen, des rein Theoretischen unbedingt festhalte, liegt hier greifbar nahe.

trieb der dominierende. Wird nun bei der Kurierung der angespannten Typen einerseits und der abgespannten Typen andererseits auch gleichzeitig das Triebverhältnis auf der primären Ebene ausgeglichen? Oder muss die Schönheit auch auf das primäre Triebverhältnis schmelzend wirken, was aber bezüglich des sekundären Triebverhältnisses in jeweils nur einem Fall verantwortbar wäre? Oder bleiben die Klassen bezüglich der Wirkung der Schönheit unberührt und damit distinkt geschieden? In diesem Fall wäre der durch Schönheit harmonisierte Mensch der zivilisierten Klasse am ehesten in der Lage, sich zur Gattung hinaufzustimmen, während die zahlreichen niederen Klassen aufgrund ihrer durch die Schönheit „feingestimmten Seele" maximal ihre Rohigkeit und Wildheit beherrschen könnten. Letztere müssten folglich erst in die Sphäre des Zivilisierten hinaufgestimmt werden, um dann den nächsten Schritt zur Gattung und damit zur Freiheit tun zu können. Die schematische Analyse würde, derart interpretiert, den Verdacht nahe legen, Schiller habe ein *elitäres* Projekt im Sinne. Zum Schluss seiner Abhandlung, vom ästhetischen Staat handelnd, fragt er sich schließlich: „Existiert aber auch ein solcher Staat des schönen Scheins und wo ist er zu finden? Dem Bedürfniß nach existiert er in jeder feingestimmten Seele, der That nach möchte man ihn wohl nur [...] in einigen wenigen auserlesenen Zirkeln finden" (ÄE, S. 123).

Diese Fragen und Andeutungen bleiben stehen. Auch drängt eine weitere Frage auf Beantwortung: Was ist schmelzende und was energische Schönheit? Wie hat man sich die beiden Formen der Schönheit vorzustellen?

Schiller beschreibt sie anhand ihrer Wirkungen. Die schmelzende Schönheit soll für ein „angespanntes Gemüth" Heilung bringen, indem sie die „a u s - s c h l i e s s e n d e Herrschaft eines der beyden Grundtriebe" beendet. (ÄE, S. 69) Zu diesem Zwecke muss sie sich, da es ja zwei verschiedene Triebe sind, die überangespannt sind, „also unter zwey verschiedenen Gestalten zeigen" (ÄE, S. 67):

> „Sie wird e r s t l i c h, als ruhige Form, das wilde Leben besänftigen, und von Empfindungen zu Gedanken den Uebergang bahnen; sie wird z w e y t e n s als lebendes Bild die abgezogene Form mit sinnlicher Kraft ausrüsten, den Begriff zur Anschauung und das Gesetz zum Gefühl zurückführen. Den ersten Dienst leistet sie dem Naturmenschen, den zweyten dem künstlichen Menschen." (ÄE, S. 70f.)

Wie aber vermag die schmelzende Schönheit diese doppelte Funktion zu erfüllen? Schiller kündigt an, zur Klärung dieser Frage nochmals im „Gebiete der Spekulation" (ÄE, S. 70) eine theoretische Fundierung versuchen zu wollen, bevor er den Wirkungen der Schönheit im „Feld der Erfahrung" (ÄE, S. 70) nachgehen möchte. Es wird noch zu klären sein, wie der Übergang des sinnlichen Menschen „zur Form und zum Denken" und wie derjenige des geistigen Menschen „zur Materie [...] und der Sinnlichkeit" zu denken ist.[142] Es muss „zwischen Materie und Form, zwischen Leiden und Thätigkeit einen m i t t l e r e n Z u s t a n d geben". Einerseits wird Schiller diesen Zustand zu beschreiben haben. Andererseits muss er noch zeigen, „dass uns die Schönheit in diesen mittleren Zustand versetze." (ÄE, S. 70)

4.2.2 Der ästhetische als der mittlere Zustand

Der in der transzendentalen Deduktion als Spieltrieb gefasste versöhnende Mittler zwischen Form- und Stofftrieb hebt die beiden antagonistischen Triebe auf. Er vermittelt zwischen „Materie und Form, zwischen Leiden und Thätigkeit, zwischen Empfinden und Denken". (ÄE. S. 70f.) Die synthetisierende Wirkung beschreibt Schiller auch in einer zeitlichen Hinsicht. Der Stofftrieb drängt darauf, „daß die Zeit einen Inhalt habe", während der Formtrieb darauf drängt, „daß die Zeit aufgehoben, daß keine Veränderung sei." (ÄE, S. 56) Um eine Vermittlung in der Zeit zu erreichen, würde der „Spieltrieb also [...] dahin gerichtet seyn, die Z e i t i n d e r Z e i t aufzuheben" (ÄE, S. 57). Er würde somit die Erfahrung der Unendlichkeit, der unendlichen Idee des Menschen und damit der angestrebten Totalität seines Charakters im ästhetischen Augenblick ermöglichen.

Diese Erfahrung der Unendlichkeit im Augenblick ist genauso jenseits von bloßer unendlicher additiver Sukzession, wie von der leeren Unendlichkeit des abstrakten Vernunftbegriffs. Schiller verdeutlicht diesen Zustand als ästhetischen Augenblick in der Zeit mit den spekulativen Begriffen der „passiven und aktiven Bestimmbarkeit" und der „passiven und aktiven Bestimmung". Der Zustand der passiven Bestimmbarkeit meint dabei denjenigen „des Menschen v o r aller Bestimmung, die ihm durch Eindrücke der Sinne gegeben wird" (ÄE, S. 73). Es ist der Zustand der „bloße[n] Bestimmungslosigkeit" (ÄE, S. 82) oder Möglichkeit ohne Realität. Werden dem Menschen Eindrücke durch die Sinne vermittelt, werden diese von anderen unterschieden und damit bestimmt. Dies wäre demnach ‚aktive Bestimmung'. Aber auch der Mensch wird durch die Realität festgelegt und in seinen Möglichkeiten beschränkt. Diesen Zustand nennt Schiller ‚passive Bestimmung'. Die letzte mögliche Kombination bleibt die der ‚aktiven Bestimmbarkeit'. Schiller nennt sie auch „die ästhetische Bestimmbar-

---

142 Schiller reduziert mit dem Dualismus *sinnlich* vs. *geistig* das vierwertige Schema *hart-weich* vs. *roh-wild*, da er nur von den Wirkungen der schmelzenden Schönheit handeln möchte. Es müsste daher *sinnlich* vs. *geistig* bezüglich des sekundären Triebverhältnisses äquivalent zu *hart* vs. *wild* sein. Dies sei hier explizit erwähnt, da man allzu leicht in eine Lesart gleitet, die sich auf die Ebene des primären Triebverhältnisses bezieht, was wiederum zu unnötiger Verwirrung führen würde.

keit"¹⁴³. Es ist der Zustand, in welchem Leiden und Handeln, Bestimmbarkeit und Bestimmung für einen Augenblick eins sind. Das Gemüt, das sonst durch die Triebe mehr oder weniger einseitig genötigt wird, „hat keine Schranken, weil es alle Realität vereinigt" (ÄE, S. 82). Damit steht der ästhetische Zustand der aktiven Bestimmbarkeit in Verbindung mit demjenigen der passiven Bestimmungslosigkeit vor aller Erfahrung, in welchem der Mensch „N u l l" ist. Während aber der Zustand vor aller Erfahrung „als eine l e e r e U n e n d - l i c h k e i t vorgestellt wurde", zeichnet sich der ästhetische Zustand durch „e r f ü l l t e U n e n d l i c h k e i t" aus. Auch hier ist der Mensch „N u l l" (ÄE, S. 83), aber er kann sich selbst und alles um sich herum für einen Augenblick selbst bestimmen. Der ästhetische Zustand wird somit zum Augenblick außerhalb der Zeit, der demjenigen vor aller Zeit die absolute Selbstbestimmung voraushat. Er ist ein Zustand der Schöpfung in der Schöpfung, weshalb es „also nicht bloß poetisch erlaubt, sondern auch philosophisch richtig [ist], wenn man die Schönheit unsere zweyte Schöpferin nennt." (ÄE, S. 84) Im ‚flow' des ästhetischen Zustands erschafft der Mensch in der Anschauung seine eigene Totalität, die sich ihm gleichsam offenbart. Es ist der Augenblick, in dem der Mensch die Möglichkeit des unbedingten Neuanfangs gleichermaßen erwirkt und erleidet. Es ist der einzige Zustand, durch den wirklich Neues in die Welt kommen kann. Damit ist es der Zustand, in welchem die Freiheit aktiv und passiv in Form aktiver Bestimmbarkeit erfahrbar wird. Und nur indem die Freiheit für den Menschen erfahrbar ist, wird sie überhaupt erstrebenswert und letztlich verwirklichbar.

Allerdings liefert der ästhetische Zustand keine ‚bestimmte' Erfahrung, sondern nur eine besondere „Stimmung" des Gemüts, die „N u l l" (ÄE, S. 83) ist.

„Daher muß man denjenigen vollkommen Recht geben, welche das Schöne und die Stimmung, in die es unser Gemüth versetzt, in Rücksicht auf E r - k e n n t n i ß und G e s i n n u n g für völlig indifferent und unfruchtbar erklären. Sie haben vollkommen Recht, denn die Schönheit giebt schlechterdings kein einzelnes Resultat weder für den Verstand noch für den Willen, sie führt keinen einzelnen weder intellektuellen, noch moralischen Zweck aus, sie findet keine einzige Wahrheit, hilft uns keine einzige Pflicht erfüllen, und ist, mit einem Worte, gleich ungeschickt, den Charakter zu gründen und den Kopf aufzuklären. Durch die ästhetische Kultur bleibt also der persönliche Werth des Menschen, oder seine Würde [...] noch völlig unbestimmt, und es ist weiter nichts erreicht, als daß es ihm nunmehr, von N a t u r   w e g e n möglich gemacht ist, aus sich selbst zu machen, was er

---

143 Heidegger vermerkt zur „aktiven realen Bestimmbarkeit": „Diese ist gleichbedeutend mit der Einbildungskraft. Die EK ist nach Kant: ein Vorstellen ohne unmittelbare Anwesenheit des Vorgestellten. Die *transzendentale* EK ist 1) *Spontaneität* im Sinne des aktiven Verhaltens des sich einbildenden Vorstellens 2) *Rezeptivität* im [Sinne] des Angewiesenseins auf anschaulich Gegebenes." (Heidegger 2006, S. 98; kursiv im Original)

will – daß ihm die Freyheit, zu seyn, was er seyn soll, vollkommen zurückgegeben ist." (ÄE, S. 83)

Der ästhetische Augenblick birgt die Befähigung zur Selbstbefähigung, nach dem Ideal der eigenen Vollendung mithin der Vollendung der Gattung zu streben. Dieses unerreichbare Ideal gibt die Vernunft vor. Die Befähigung zur Selbstbefähigung durch das ‚Schöne', die ästhetische Erziehung, soll ohne Zwang von statten gehen. Hierfür bringt die Kunst, das Schöne, als ‚Freiheit in der Erscheinung' das sinnliche Symbol des Ideals der Freiheit hervor, was keineswegs mit dem Ideal selbst zu verwechseln ist. Die Kunst hat dieses Symbol hervorgebracht, wenn der Mensch seiner möglichen Totalität gewahr wird. Diese mögliche Totalität wird dem Menschen gewahr, wenn der Spieltrieb den Stoff- und den Formtrieb aufhebt. Wie aber äußert sich der ästhetische Zustand in der Erfahrung?

Der ästhetische Augenblick ist ‚völlig unbestimmt' und erinnert an mystische Erfahrungen. Wie diese ist er erst erfahrbar, wenn der ästhetische Augenblick bereits vergangen ist. An der „Stimmung, in der uns ein ächtes Kunstwerk" entlässt, will Schiller nicht nur den ästhetischen Zustand nachweisen, sondern in ihr erkennt er zugleich den „Probierstein der wahren ästhetischen Güte" (ÄE, S. 86).

Idealerweise ist das „Schöne und die Stimmung, in die es das Gemüth versetzt, […] völlig indifferent und unfruchtbar" (ÄE, S. 83). Sie zeichnet sich durch „hohe Gleichmüthigkeit und Freyheit des Geistes, mit Kraft und Rüstigkeit verbunden" (ÄE. S. 86) aus. In der „Wirklichkeit" ist allerdings „keine *rein* ästhetische Wirkung anzutreffen", so dass man ein Kunstwerk „doch immer in einer besondren Stimmung und mit einer eigenthümlichen Richtung" (S. 87; Herv. M.G.) verlässt, „es sey nun, daß es an dem Gegenstand, oder an unserer Empfindungsweise oder (wie fast immer der Fall ist) an beyden zugleich gelegen habe." (ÄE, S. 86)[144]

Das Gemüt wird durch den Spieltrieb aber immerhin „freyer und ruhiger", da „alles Wirkliche […], weil es k l e i n wird", und „das Nothwendige […], weil es l e i c h t wird", seinen „Ernst" (ÄE, S. 60) verliert. Doch die Aufhebung des Ernstes bedeutet nicht, dass es sich um ein „b l o ß e s S p i e l", also um eine „E i n s c h r ä n k u n g" handelt, sondern vielmehr um eine „E r w e i - t e r u n g". Das Spiel hebt das „n u r" Ernste des physischen und moralischen

---

144 Schiller lehnt sich in diesen Ausführungen deutlich an Kants Bestimmungen des Schönen als ‚freies Spiel der Erkenntniskräfte' an, welche dieser in seiner *Kritik der Urteilskraft* entwickelt hatte. Bei Kant kommt es in Ansehung des Schönen zu keinem ‚Erkenntnisstück', da das freie Spiel ‚ohne einen Begriff vom schönen Gegenstand' stattfindet. Das Schöne wird durch ein anderes ‚Seelenvermögen' als den Erkenntnisapparat wahrgenommen, nämlich durch die Empfindung oder das Gefühl der Lust. Diese Lust wiederum zeichnet sich durch ‚interesseloses Wohlgefallen' aus. Auch bei Kant ist also mit dem Schönen keine Erkenntnis und keine Gesinnung verbunden.

Lebens auf und entbindet den Menschen so für einen Augenblick von dessen Nötigungen und damit vom „doppeltem Ernst der Pflicht und des Schicksals" (ÄE, S. 63). Es ist „gerade das Spiel und n u r das Spiel [...], was ihn vollständig macht und seine doppelte Natur auf einmal entfaltet" (ÄE, S. 61). Auch wenn dies in der empirischen Wirklichkeit nur annäherungsweise der Fall ist, so „spielt" „der Mensch [...] nur, wo er in voller Bedeutung des Worts Mensch ist, und e r ist nur da ganz M e n s c h, wo er s p i e l t." (ÄE, S. 63)

Schiller zeigt, wie die schmelzende Schönheit theoretisch funktioniert. Er hat auf indirektem Wege nachzuweisen versucht, dass die schmelzende Schönheit eine Erfahrung der möglichen Totalität des Menschen auslöst, da im ästhetischen Zustand des Spiels die antagonistischen Triebe zur Ganzheit aufgehoben werden. Er hat einen Prüfstein benannt, anhand dessen man die Güte eines Kunstwerks erkennen kann, nämlich die freie und gleichmütige Stimmung, die sich unmittelbar nach der ästhetischen Erfahrung einstellt. Wie aber führt die schmelzende Schönheit zur Totalität des Charakters und damit zur wahren politischen Freiheit?

Schiller weist zu Beginn des vierzehnten Briefes ganz ausdrücklich auf den utopischen Charakter seiner Theorie bezüglich der empirischen Wirklichkeit beziehungsweise ihrer praktischen Umsetzbarkeit hin[145]:

> „Dieses Wechselverhältniß beyder Triebe ist zwar bloß eine Aufgabe der Vernunft, die der Mensch nur in der Vollendung seines Daseyns ganz zu lösen im Stand ist. Es ist im eigentlichsten Sinn des Worts die Idee seiner Menschheit, mithin ein unendliches, dem er sich im Lauf der Zeit immer mehr nähern kann, aber ohne es jemals zu erreichen." (ÄE, S. 55)

Die Totalität des Charakters, die vollendete Harmonie seines Wesens, wird der Mensch nie erreichen. Damit geht die prinzipielle Unmöglichkeit der wahren politischen Freiheit einher, da diese Totalität des Charakters voraussetzt. Auch die Revolution ist damit ‚vom Tisch', da sie *nie* zu einem zufrieden stellenden Ergebnis führen kann. Schiller plädiert dagegen für friedliche Evolution ohne Zwang.[146] Für ihn ist die unendliche Annäherung an das Ideal der ‚wahren Freyheit' erstrebenswerter, weil er diesen Weg für realistischer hält. Der Versuch der französischen Revolutionäre, basierend auf bruchstückhaften Wahrheiten, das unbestritten erstrebenswerte Ideal der Freiheit ad hoc und dazu noch zu einem (immer) verfrühten Zeitpunkt erreichen zu wollen, scheiterte an der Realität. Den Versuch, die Realität dem erstrebenswerten Ideal etwa dadurch anzupassen,

---

145 Es ist für Schillers Argumentationsstil symptomatisch, empirische und transzendentale Methode in einem oszillierenden Hin und Her zu arrangieren.

146 Vgl. Borchmeyer 1990, S. 280: „Die ästhetische Erziehung sei der Versuch, so schon Georg Lukács das aufklärerische Ziel der Revolution ‚ohne Revolution zu verwirklichen, die Revolution also überflüssig zu machen'".

dass man ihm Menschenleben opfert, ist für Schiller mit dem freiheitlichen Ideal der Würde selbst unvereinbar. Es bleibt also nur der Weg der kleinen Schritte auf das Ziel der Totalität hin. Auf diesen wie diesem Weg soll der Mensch durch die Schönheit geführt werden. Ästhetische Edukation meint das Herausführen des Menschen aus dem durch freie Übertretung der Natur ‚selbstverschuldeten' Missverhältnis der beiden Triebe hin zu einem möglichst harmonischen Wechselverhältnis. Dieses Herausführen qua Erziehung bedeutet vor allem Befähigung zur Selbstbefähigung. Diese Befähigung sieht Schiller in der „Erfahrung" des vollendeten Menschseins in der Idee. Der Mensch soll zu diesem Zwecke „eine vollständige Anschauung seiner Menschheit" erfahren, „und der Gegenstand, der diese Anschauung ihm verschaffte, würde ihm zu einem Symbol seiner a u s g e f ü h r t e n B e s t i m m u n g, folglich [...] zu einer Darstellung des Unendlichen dienen." Das Symbol der möglichen Vollendung ist für Schiller die Schönheit bzw. das Kunstwerk. Aber dieses Symbol kann dem Menschen die Erfahrung der möglichen eigenen Vollendung oder Totalität nur bescheren, wenn beide Triebe, die entweder in Subordination, indem nur ein Trieb, oder in zeitlicher Koordination, indem der „Eine[...] nach dem Andern befriedigt" wird, gegeneinander stehen, „z u g l e i c h" tätig sind. Es kommt auf die synchrone „doppelte Erfahrung" (ÄE, S. 56) des vermittelnden Spieltriebs an. Nur so kann dem Menschen die mögliche eigene Totalität aufscheinen, was zu einer Implementierung derselben als Ideal, als Vorbild dient, worauf der einzelne Mensch dann sein Leben selbst bestimmt ausrichten kann. Das ästhetische Spiel stellt durch das Aufscheinen der *möglichen* und *notwendigen* eigenen Totalität die Verbindung des „Möglichen mit dem Nothwendigen" zum „Ideal" (ÄE, S. 35) in der Zeit dar.

Laut Programm wollte Schiller „die Wirkungen der schmelzenden Schönheit an dem angespannten Menschen, und die Wirkungen der energischen an dem abgespannten prüfen, um zuletzt beyde entgegen gesetzten Arten der Schönheit in der Einheit des Ideal-Schönen auszulöschen" (ÄE, S. 67). Ausgeführt wird aber nur die schmelzende Schönheit. Dabei erklärt Schiller bereits in den *Augustenburger Briefen*: „Vermittels des Schönen arbeitet sie [die ästhetische Bildung; M.G.] der Verwilderung vermittels des Erhabnen der Erschlaffung entgegen, und nur das genaueste Gleichgewicht beider Empfindungsarten vollendet den Geschmack." (AB, S. 156) Und auch Carsten Zelle hat darauf hingewiesen, dass Schiller „als ‚Ersatz' für den zweiten Teil des ursprünglichen Dispositionsschemas [...] den *Ästhetischen Briefen* in der Schriftenausgabe 1801 *Über das Erhabene* voraus[-] und *Über das Pathetische* nach[stellt]"[147]:

> „Das Schöne macht sich bloß verdient um den *Menschen*, das Erhabene um den *reinen Dämon in ihm*; und weil es einmal unsere Bestimmung ist, auch bei allen sinnlichen Schranken uns nach dem Gesetzbuch reiner

---

147 Zelle 2005, S. 437. Vgl. auch Zelle 1995.

Geister zu richten, so muß das Erhabene zu dem Schönen hinzukommen, um die *ästhetische Erziehung* zu einem vollständigen Ganzen zu machen und die Empfindungsfähigkeit des menschlichen Herzens nach dem ganzen Umfange unsrer Bestimmung, und also auch über die Sinnenwelt hinaus zu erweitern." (ÜdE, S 98 f.)

„Der geplante dritte Teil zur Synthesekategorie des Idealschönen kommt nicht zustande."[148] Anstelle einer Untersuchung der energischen Schönheit als des Erhabenen wendet sich Schiller verschiedenen Formen ästhetischer Übergänge zu, um den fundamentalen Stellenwert des *Ästhetischen* als des *Vermittelnden* zu untermauern. Allerdings steht somit weiterhin die Frage im Raum, wie ein real existierender Mensch – vor allem aus den niedern Klassen – hinaufgestimmt werden soll. Um sich diesem Problem anzunähern wie auch gleichermaßen aus dem Weg zu gehen (es wird keine eindeutige Lösung erarbeitet werden), liefert Schiller im Folgenden zahlreiche Bestimmungen verschiedener Formen von *Vermittlungen*, die das *Ästhetische* zu leisten vermag.

4.3 Das Ästhetische als das Vermittelnde

Schiller behauptet „von dem Schönen [...] einen Uebergang vom Empfinden zum Denken" zu bahnen. Die Schönheit kann „Mittel werden, den Menschen von der Materie zur Form, von Empfindungen zu Gesetzen, von einem beschränkten zu einem absoluten Daseyn zu führen." (ÄE, S. 75) „Durch die Schönheit wird der sinnliche Mensch zur Form und zum Denken geleitet" (ÄE, S. 70). Diesen Übergang modelliert Schiller gemäß seiner Homologiethese auf mehreren Ebenen.

1.) Die individuelle Entwicklung des Menschen im Laufe seines Lebens betreffend: „Wir wissen, daß er anfängt mit bloßem Leben, um zu endigen mit Form, daß er früher Individuum als Person ist, daß er von den Schranken aus zur Unendlichkeit geht. Der sinnliche Trieb kommt also früher als der vernünftige zur Wirkung, weil die Empfindung dem Bewußtsein vorhergeht." (ÄE, S. 79f.) Der Übergang vom sinnlichen zum geistigen Menschen geschieht über einen ästhetischen Zustand. Denn durch

> „die ästhetische Gemüthstimmung wird [...] die Selbstthätigkeit der Vernunft schon auf dem Felde der Sinnlichkeit eröffnet, die Macht der Empfindung schon innerhalb ihrer eigenen Grenzen gebrochen, und der physische Mensch so weit veredelt, daß nunmehr der geistige sich nach Gesetzen der Freyheit aus demselben bloß zu entwickeln braucht." (ÄE, S. 92)

---

148 Zelle 2005, S. 437.

Die ästhetische Erziehung ist als Pädagogik zu deuten, die den Menschen „vom bloßen blinden Leben" (ÄE, S. 92) zum Denken, Erfassen und Begreifen von Gesetzen und dergleichen, also zum mündigen Menschen führen soll. Schillers Pointe liegt aber darin, dass der Mensch nicht durch permanente Konfrontation mit allgemein gültigen Urteilen zur Einsicht und Mündigkeit geführt werden soll, sondern dass er vor allem zuerst *ästhetisch* gemacht werden muss.[149] Denn „der ästhetisch gestimmte Mensch wird allgemein gültig urteilen, und allgemein gültig handeln". Man „darf ihm weiter nichts als wichtige Anlässe geben." (ÄE, S. 92) Der Mensch ist demnach, einmal ästhetisch gemacht, mündig und befindet sich bereits im Vollbesitz „ästhetischer Freyheit" (ÄE, S. 90). Das *Ästhetisch-Sein* des Menschen wird im Hinblick auf die Mündigkeit von der bloßen Vorstufe des *Vernünftig-Seins* und der damit verbundenen Freiheit zu dessen Äquivalent. Durch die Annäherung des *Ästhetischen* an das *Vernünftige* hinsichtlich der Mündigkeit (dem großen Begriff der Aufklärung!) durchbricht Schiller die lineare Logik der Abläufigkeit *physisch-ästhetisch-vernünftig*. *Ästhetisch* und *vernünftig* sind nicht mehr klar zu unterscheiden. Sie sind aber auch nicht einfach identisch.

Hinzu kommt eine weitere Paradoxie. Bezüglich der Genese „giebt [es] keinen andern Weg, den sinnlichen Menschen vernünftig zu machen, als daß man denselben zuerst ästhetisch macht." (ÄE, S. 90) Hier wird nochmals der lineare Übergang vom *Physischen* zum *Moralischen* durch das *Ästhetische* behauptet. Doch bedarf es ‚der Erfahrung des Gesetzes', damit der vernünftige Trieb, der im Menschen bereits angelegt ist, überhaupt erwacht. Dies würde jedoch bedeuten, dass der vernünftige Trieb von *dieser* Erfahrung generiert würde und nicht durch das *Ästhetische*. Oder ist die ‚Erfahrung des Gesetzes' selbst das *Ästhetische*, da in ihr *Sensation* (Stofftrieb) und *abstrakte Idee* (Formtrieb) vereint wären? Wäre dann die ‚Erfahrung des Gesetzes' eine Erfahrung der Schönheit? Dieses Paradoxon soll hier nicht weiterverfolgt werden.

Festzuhalten ist, dass Schiller das *Ästhetische* gegen das *Vernünftige* nicht mehr klar abgrenzt. Es kommt zu einem oszillierenden Hin und Her der Bestimmungen. Sie bedingen sich wechselseitig und werden auch als Telos der Entwicklung zur Freiheit austauschbar. Man könnte auch sagen, sie befinden sich in einem Zustand des *Wechselspiels*.

2.) Schiller konstruiert den Übergang vom „Naturmenschen" zum „künstlichen Menschen" (ÄE, S. 70) in der kulturhistorischen Entwicklung gemäß seiner Homologiethese analog zu derjenigen des Individuums:

> „Es lassen sich [...] drey verschiedene Momente oder Stufen der Entwicklung unterscheiden, die sowohl der einzelne Mensch als die ganze

---

149 Die Problematik, ob Schillers pädagogisches Konzept gänzlich ohne Zwang auskommen kann und ob es das soll, wird ausführlich in Anm. 195 auf S. 93f. diskutiert.

Gattung nothwendig und in einer bestimmten Ordnung durchlaufen müssen, wenn sie den *ganzen Kreis* ihrer Bestimmung erfüllen sollen. [...] Der Mensch in seinem p h y s i s c h e n Zustand erleidet bloß die Macht der Natur; er entledigt sich dieser Macht in dem ä s t h e t i - s c h e n Zustand und er beherrscht sie in dem m o r a l i s c h e n." (ÄE, S. 95; Herv. M.G.)

Zunächst ist der Naturmensch der Willkür der Natur ausgeliefert. Er ‚erleidet' sie, d. h. er reagiert nur auf sie. Erst das *Ästhetische* ermöglicht es dem Menschen, dem formlosen Fließen eine Form zu geben, einzelne Zustände und Dinge zu bestimmen und voneinander zu unterscheiden. Der Mensch wird Subjekt und macht die Natur zum Objekt seiner Betrachtung. Sie „ist das erste liberale Verhältnis zu dem Weltall, das ihn umgiebt." (ÄE, S. 102) Indem der Mensch die Dinge und Prozesse „denkt", wird er ihr Gesetzgeber und unterwirft sie seinem Willen. Aus den Unbilden der Natur, vor denen der Naturmensch sich fürchtete, werden Götter, die zuletzt „in der griechischen Phantasie in den freundlichen Contour der Menschheit zusammen[gezogen werden]" (ÄE, S. 103). Schiller beschreibt hier die furcht- und kontingenzreduzierende Funktion des Mythos. Dank des Ästhetischen, dank der Einbildungskraft, kann sich der Mensch die Außenwelt vom Leib halten, „ohne darum die sinnliche Welt zu verlassen, wie bey Erkenntniß der Wahrheit geschieht." (ÄE, S. 104) Analog dazu ist „Schönheit [...] also zwar ein G e g e n s t a n d für uns, [...] zugleich aber ist sie ein Z u s t a n d u n s e r e s S u b j e k t s" (ÄE, S. 105). Man erleidet und schafft den Mythos gleichermaßen, da er eine Reaktion auf natürliche Prozesse darstellt, die durch Reflexion als Stoff und Form erkannt und im Zuge der Mythologisierung oder Ästhetisierung nochmals einer freien ästhetischen Form unterworfen werden. Es ist noch nicht die Beherrschung der Natur selbst, aber diese nimmt Schiller zufolge hier ihren Anfang. Das Mythosbeispiel setzt bereits ästhetisierende Fähigkeiten voraus, die in der griechischen Kultur auf einem Höhepunkt angelangt gewesen sein sollen. Schiller fragt daher folgerichtig nach dem Übergang vom physischen zum ästhetischen Zustand.

Seine Antwort ist knapp: „Ein Geschenk der Natur muß sie sein; die Gunst der Zufälle allein kann die Fesseln des physischen Standes lösen, und den Wilden zur Schönheit führen" (ÄE, S. 106). Das verwundert nicht weiter, hatte Schiller doch ausgeführt, dass die Erfahrung zwar zeigen könne, „o b eine Schönheit ist" (ÄE, S. 59). „W i e aber eine Schönheit seyn kann [...] kann uns weder Vernunft noch Erfahrung lehren." (ÄE, S. 60) Die Gunst der Natur äußert sich in der „verschwenderischen Fülle" des „Überflusses" (ÄE, S. 116). Bereits der Baum treibt mehr Keime und Blätter als er benötigt, und auch im Löwen, wenn er gesättigt brüllt, genießt sich „in zwecklosem Aufwand [...] die üppige Kraft." (ÄE, S. 115)

Beim Menschen äußert sich die Freiheit „von den Fesseln der Nothdurft" durch das Auftauchen der „Freude am S c h e i n", in der „Neigung zum P u t z und zum S p i e l e." (ÄE, S. 107) Während sonst die Befriedigung der Triebbedürfnisse die Tätigkeit des Menschen voll und ganz ausfüllt, kann durch den Überfluss „das Schöne [...] für sich allein ein Objekt seines Strebens" (ÄE, S. 118) werden. „Die freye Lust wird in die Zahl seiner Bedürfnisse aufgenommen, und das Unnöthige ist bald der beste Theil seiner Freuden." (ÄE, S. 119)[150] In der Folge veredelt sich der „gesetzlose Sprung der Freude [...] zum Tanz" und die „Begierde" zur „Liebe". Schiller wendet sich damit gegen Rousseau, der „im Bedürfniß zu gefallen" und dem daraus resultierenden Wettkampf den Ursprung der Ungleichheit zwischen den Menschen sah. Schiller zufolge „unterwirft" eben dieses Bedürfnis, geliebt werden zu wollen, „den Mächtigen des Geschmacks zartem Gericht [...]; er muß Freiheit lassen, weil er [...] gefallen will." (ÄE, S. 119)

Die ästhetische Stimmung wird dadurch zur Quelle der Harmonisierung zwischen den „Geschlechter[n]", zwischen Feind und Freund in Form der Gastfreundschaft sowie zwischen den Individuen innerhalb der Gesellschaft (vgl. ÄE, S. 120). So kann Schiller behaupten:

> „Wenn schon das Bedürfniß den Menschen in die Gesellschaft nöthigt, und die Vernunft gesellige Grundsätze in ihm pflanzt, so kann die Schönheit allein ihm einen g e s e l l i g e n C h a r a k t e r ertheilen. Der Geschmack allein bringt Harmonie in die Gesellschaft, weil er Harmonie in dem Individuum stiftet." (ÄE, S. 121)

Von der Entwicklung des Menschen kommt Schiller über die Sozialisierung vermittels des Schönen unversehens zur Terminologie des Staates.

3.) Während im „d y n a m i s c h e n Staat der Rechte", welcher bereits als Notstaat oder als Naturstaat (vgl. Notstaat I in Schema I) eingeführt wurde, die Menschen aufeinander zum Zwecke der ‚wirklichen Freiheit' Zwang ausüben, so üben im „e t h i s c h e n Staat der Pflichten" (Mein Deutungsvorschlag: Notstaat II in Schema I) die auf Vernunftgesetze basierenden Pflichten Zwang auf das freie „Wollen" (ÄE, S. 120) der Menschen aus. Der Vernunftstaat in Form der Synthese von Vernunft und Natur und als Reich der wahren Freiheit (von Zwang), da er „bloß (moralisch) nothwendig" (ÄE, S. 120) ist, taucht dem Begriff nach nicht mehr auf, kann aber mit dem ethischen Staat identifiziert wer-

---

150 Hier wendet sich Schiller ganz klar gegen den Kulturpessimismus Rousseaus, der in der Neigung zum Putz und zu dem Spiele und der daraus resultierenden Konkurrenz den Ursprung der Ungleichheit unter den Menschen sieht: „Jeder begann, die andern zu beachten und selbst beachtet werden zu wollen, und die öffentliche Wertschätzung hatte einen Wert. Derjenige, der am besten sang oder tanzte, der Schönste, der Stärkste, der Gewandteste oder der Eloquenteste wurde zum Geachtetsten; und das war der erste Schritt hin zur Ungleichheit" (Rousseau 1997, S. 189).

den.[151] Dies erschwert eine strikte Unterscheidung von Vernunftstaat und ethischem Staat (als Notstaat II).[152] Aber Schiller changiert nicht umsonst die Begriffe. Er kann mit dem ethischen Staat die ‚nur problematische' Existenz des Vernunftstaates betonen, wie auch den Zwangscharakter des ethischen Staates der Gesetze und Pflichten (als Notstaat II) hervorheben, ohne den Begriff ‚Vernunftstaat' zu diskreditieren. Ähnlich wie es sich bereits beim Verhältnis des

---

151 Der Gleichsetzung ethischer Staat = Vernunftstaat folgen Zelle 2005 und Berghahn 2000, der seinerseits Käte Hamburger zitiert.
152 Carsten Zelle entwirft folgendes Schema, das vielleicht um der Verständlichkeit willen sehr holzschnittartig geraten ist (Zelle 2005, S. 445):

schmelzende Schönheit (= Schönheit)	Das Ideal-Schöne (=Idealschönheit)	energische Schönheit (=Erhabenheit)
physischer Charakter	dritter bzw. ästhetischer Charakter	Moralischer Charakter
Stofftrieb	Spieltrieb	Formtrieb
Physischer Zustand	Mittlerer bzw. ästhetischer Zustand	Moralischer Zustand
Naturstaat/Notstaat Furchtbares Reich der Kräfte	**Fröhliches Reich des Spiels und des Scheins**	**Vernunftstaat Staat der Freiheit= Heiliges Reich der Gesetze**
= dynamischer Staat	= ästhetischer Staat	= ethischer Staat

Ich schlage bzgl. des Staates folgende Präzisierung vor:

Naturstand	Übergang durch Hinzutreten der „Vernunft". Erste Vermittlung des Ästhetischen durch Gunst der Natur (Putz und Spiel)	Naturstaat/ Notstaat 1+ Notstaat 2		Fröhliches Reich des Spiels und des Scheins		Vernunftstaat Staat der Freiheit = Heiliges Reich der Gesetze (T o t a l i t ä t!)
		= dynamischer Staat	= ethischer Staat I	= ästhetischer Staat	= ästhetischer Staat als auf Dauer gestellter Übergang zum Vernunftstaat	= ethischer Staat II soll nicht mehr verwirklicht werden, da ‚nur problematisch' und gegen Idee der ganzen Menschheit
(re-)konstruiert		wirklich (möglich)		möglich	ideal	notwendig

Ästhetischen zum *Vernünftigen* in der individuellen Entwicklung (siehe 1.) ansatzweise angedeutet hatte, rutscht nun an die Stelle des Vernunftstaates der „ä s t h e t i s c h e[...] Staat". „F r e y h e i t z u g e b e n d u r c h F r e y h e i t ist das Grundgesetz dieses Reichs" (ÄE, S. 120). Dieses Grundgesetz wird *möglich*, da die Schönheit durch ihre Wirkung auf den Menschen bei diesem den Wunsch weckt, andern zu gefallen: „er will selbst gefallen, anfangs zwar nur durch das, was s e i n ist, endlich durch das, was e r ist." (ÄE, S. 118) Durch diese Aneignung der fremden Perspektive wird Empathie, mithin Geselligkeit und Nächstenliebe oder, um es auf den Begriff zu bringen: „wahre Humanität" (AH, S. 196) ermöglicht. Durch das *freiwillige* und damit *zwanglose* Bedürfnis zu gefallen und geliebt zu werden, kann aus der *Neigung zu dem Putz und dem Spiele* die „*Neigung zu der Pflicht*" (AW, S. 106; Herv. M.G.) werden. Nicht der monoperspektivische Eigennutz ist das große Idol dieses Reichs, sondern die multiperspektivische, sich verschenkende Liebe.

Das Kulturinstrument im ästhetischen Staat ist die Schönheit oder der „ästhetische Schein"[153] (ÄE, S. 108), durch den aber nicht nur die Geselligkeit ausgelöst, befördert und vertieft werden soll. Durch ihn soll auch der physische Mensch (in Form des Kindes und des Wilden), wie derjenige aus den niederen Klassen („Schwachköpfe", AB, S. 140) zum Denken und zum Gesetz geführt werden. Weiterhin soll durch ihn einerseits der erschlaffte Mensch aus der zivilisierten Klasse zum Gesetz (zurück-)geführt werden. Anderseits soll der moralische Mensch (in Form des verhärteten Menschen aus der zivilisierten Klasse) zur Natur, zur Sinnlichkeit und der „Begriff zur Anschauung und das Gesetz zum Gefühl" (ÄE, S. 70) zurückgeführt werden.

Hier deutet sich bereits an, dass dem linearen Forschrittsgedanken (vom Physischen über das Ästhetische zum Vernünftigen) in Schillers Denken eine zyklische Vorstellung entgegensteht.[154] Beide Vorstellungen können nicht reibungslos ineinander überführt werden, was zu einem gewissen Oszillieren der Begriffe bezüglich ihres zeitlichen Arrangements führt. Der Mensch soll durch das Ästhetische zur Vernunft geführt werden. Damit würde er jedoch in einen Zustand der Vereinseitigung geraten, da ihm als bloßes Vernunftwesen keine Realität mehr zukommen würde. Vernunft und Realität wären demnach nur im Ästhetischen in einem idealen mittleren Zustand zwischen Möglichkeit und Notwen-

---

153 Der ästhetische Schein wird als Mittleres zwischen Wirklichkeit und Wahrheit gedacht und ist damit von beiden unterschieden. Schiller grenzt ihn gegen den „logischen Schein" ab, der „Betrug" ist, da er an die Stelle der Wirklichkeit oder Wahrheit tritt. (vgl. ÄE, S. 108) Schiller möchte von den „nothwendigen Grenzen des schönen Scheins [...] noch einmal insbesondere zu reden Veranlassung nehmen." (ÄE, S. 109) Er verweist damit auf seine Abhandlung *Notwendige Grenzen beim Gebrauch schöner Formen* (SW V, S. 670-693), die er im Anschluss an die *Ästhetischen Briefe* verfassen wird.
154 Vgl. Pott 1980, S. 104: „Das geschichtsphilosophische (triadische) Schema liegt im Denken Schillers dem logischen in zeitlicher Hinsicht voraus, und jenes wird auf dieses angewendet."

digkeit vereint.[155] Auch die Ersetzung des ‚nur problematischen' Vernunftstaates durch den ästhetischen Staat zeugt von dieser Schwierigkeit. Schiller hatte bereits zu Beginn der *Ästhetischen Briefe* sein zyklisches Geschichtsbild in Stellung gebracht, als er davon handelte, dass alle Völker „ohne Unterschied durch Vernünfteley von der Natur abfallen müssen, ehe sie durch Vernunft wieder zu ihr zurückkehren können." (ÄE, S. 20) Hiernach würde die *Vernunft* eine vollkommene Synthese aus *Vernunft* (‚Vernünfteley') und *Natur,* aber auf einer höheren Ebene sein. In dieser Ebene der Synthese wäre auch der Vernunftstaat anzusiedeln. Da die *Synthese* aus *Vernunft* und *Natur* als das *Ästhetische* definiert ist, werden Vernunftstaat und ästhetischer Staat in dieser Hinsicht äquivalent.

Historisch linear gedacht ersetzt Schiller den vernunftnotwendigen aber unrealistischen (in dem Sinne, dass er nicht realisiert werden *kann*) Vernunftstaat durch den in der Zeit realisierbaren und als Syntheseprodukt aus Realität (Möglichkeit) und Vernunft (Notwendigkeit) idealen ästhetischen Staat (vgl. Schaubild 1). Ist der ästhetische Staat dadurch, dass er ein Produkt der Einbildungskraft, der Phantasie ist, nicht gleichsam bloß virtuell? Ist er überhaupt ein Staat? Ist er nur das realitäts- wie vernunftferne Produkt des Spiels Schillers mit Ideen? „Hier also in dem Reiche des ästhetischen Scheins wird das Ideal der Gleichheit erfüllt, welches der Schwärmer so gern auch dem Wesen nach realisiert sehen möchte." (ÄE, S. 123)

2)	Natur Sinn	Naturstand	Sinnlicher Mensch			1)
	Verstand	Ästhetischer Staat ≈ Vernunftstaat	Mensch mit Doppelnatur	Verstand/ Sinnlichkeit	Naturstaat/ Notstaat „Vernünfteley"	
	Vernunft	Vernunftstaat	Moralischer Mensch			

Schaubild 1: Ästhetische Übergänge. 1) bedeutet Forschritt durch Entfernung von Natur 2) bedeutet Fortschritt durch Rückkehr zur Natur.

Und was ist nun mit den Wirkungen der beiden Formen von Schönheit? „Beruht doch ihre ganze Magie auf ihrem Geheimniß" (ÄE, S. 8). Muss der Mensch aus den niederen Klassen zuerst in die zivilisierte Klasse hinaufgestimmt werden und dann zur Gattung? Oder muss er in der niederen Klasse verbleiben, weil sonst die ideale Mannigfaltigkeit verloren geht? Ist die Totalität des Charakters

---

155 Dieses Problem wurde beispielsweise bei der Frage der Mündigkeit des Individuums deutlich, da sich das *Ästhetische* und das *Vernünftige* in zeitlicher Hinsicht – um es salopp zu sagen – wie Henne und Ei zueinander verhalten.

also monistisch oder pluralistisch zu verstehen?[156] Der totale Charakter müsste beides sein: unbedingte Einheit und unendliche Vielfalt. Was bedeutet dann aber das Hinaufstimmen?

Schiller beginnt mit einer Theorie der Staatstransformation, um festzustellen, dass nur die Totalität des Charakters die Vollendung der Transformation im Vernunftstaat ermöglichen kann. Die Fragmentierung des Menschen ist durch seine Doppelnatur, welche wiederum die antagonistischen Triebe verschulden, bedingt. Um die innere Entzweiung aufzuheben, soll die Schönheit in Anschlag gebracht werden. Sie ist als ein von der Politik unabhängiges Instrument in der Lage, die Menschen zur Totalität und damit zur Freiheit zu führen. Im Zuge der Operationalisierung von Schönheit tauchen Probleme auf. Die schmelzende Schönheit wird ausgeführt, die energische kehrt erst in Schillers Schrift *Über das Erhabene* wieder. Das prinzipielle Problem des Hinaufstimmens jedes einzelnen Menschen bleibt aber bestehen. Die Operationalisierung von Schönheit scheitert letztlich an der Unüberblickbarkeit der empirischen Mannigfaltigkeit. Schiller weicht aus, indem er das *Ästhetische* als das *Vermittelnde* in verschiedener Hinsicht durchspielt. Dabei entstehen neue logische Brüche. Begriffe sind mal streng geschieden, mal scheinen sie äquivalent. Der Beweis, dass man den Weg zur Freiheit durch die Schönheit nehmen muss, endet in der Proklamation einer Merkwürdigkeit, dem ästhetischen Staat. Es scheint, als habe Schiller, nachdem er eine stimmige Analyse der Probleme sowie eine stimmige transzendentale Deduktion der Schönheit vorgenommen hat, sich zunächst im Dickicht der empirischen Mannigfaltigkeit verlaufen, um dann mit der Apotheose des *Ästhetischen* zum ästhetischen Staat seine Schrift abzubrechen. Handelt es sich bei Schillers *Ästhetischen Briefen* doch *nur* um ein Phantasieprodukt, Eskapismus in den bilderreichen Traum von Geselligkeit und Müßiggang?

Die nur logische Interpretation stößt hier – und nicht erst hier – an ihre Grenzen. Daher muss ein weiterer Aspekt berücksichtigt werden, der die Unstimmigkeiten der *Ästhetischen Briefe* einer Metabetrachtung zuführt. Es geht um die Einstufung der *Ästhetischen Briefe* als Essay und damit einhergehend deren Zwitterstruktur.

---

156 Das Problem *monistisch vs. pluralistisch* handelt Schiller sich durch die Synthese der unbedingt unveränderlichen Einheit des Formtriebs mit der unendlichen Mannigfaltigkeit der Erscheinungen des Stofftriebs ein.

5. Schillers ‚philosophischpoetischer' Stil

Schiller beendet den ersten Brief an seinen Mäzen vom 9. Februar 1793 mit der Bemerkung, dass es sein Wunsch sei, seinen Gönner „mit meinen philosophischpoetischen Visionen zuweilen beschäftigen zu dürfen." (AB, S. 131) Abgesehen davon, dass „Vision" bereits einen Hinweis auf den utopischen Charakter der Schrift enthält, gibt das Wort „philosophischpoetisch" Aufschluss über die Zwitterstruktur der *Ästhetischen Briefe*. Schillers Schrift ist als „absichtsvoll zwitterhaftes Gebilde" „aus Poesie und Wissen"[157] der Gattung des Essays zuzuordnen. Es handelt sich um eine *anspielungsreiche Schrift*, die dem Leser einiges abverlangt. Doch ist sie gerade als Kostprobe[158] bzw. ‚Kabinettstück' dazu geschaffen worden, den Leser zu einer besonderen Art der intellektuellen „Unterhaltung [...] einzuladen" (AH, S. 195). Schillers Mäzen stellt 1795 in einem Brief an seine Schwester fest: „Der gute Schiller ist doch eigentlich nicht zum Philosophen geschaffen. [...] Es bedarf eines Übersetzers, der das poetisch schön gesagte mit philosophischer Precision entwickelt, der ihn aus dem Poetischen in die philosophische Sprache übersetzt."[159] Der philosophierende Dichter Schiller bedient sich eines eigenen philosophischen Stils[160], der durch den Einsatz einer Vielzahl rhetorischer Stilfiguren[161] neben der begrifflich-argumentativen oder „*rationale[n]* Seite" auf eine sinnlich-„*ästhetische*"[162] Wirkung abzielt. Stil bezeichnet die Form des Textes als ‚zweckmäßige *Gestalt*ung' eines bestimmten Inhalts.[163] Schillers ‚philosophischpoetischer' Stil wurde nicht nur von dessen Mäzen als unverständlich empfunden. Auch Johann Gottlieb Fichte hatte Schiller „eine unzulässige, das Verständnis erschwerende Mixtur aus poetischem und philosophisch-wissenschaftlichem Stil, bildlicher und begrifflicher Darstellungsweise"[164] vorgeworfen.

Schiller gibt in den *Ästhetischen Briefen* selbst über seine Absicht Auskunft, den Menschen formal und inhaltlich in seiner Ganzheit von Verstand und Sinnlichkeit anzusprechen. So will er sich auf „Gefühle" und „Grundsätze" (ÄE, S. 7) berufen und die Prüfung des Geschriebenen der „Empfindung" sowie der „freye[n] Denkkraft" (ÄE, S. 8) des Lesers überlassen.

---

157 Schlaffer 2004, S. 3.
158 Vgl. a.a.O.
159 Zit. nach Berghahn in ÄE, S. 273.
160 Vgl. hierzu Berghahn 1998.
161 wie emphatisch-pathetische Ballungen, Häufungen, Steigerungen, Pleonasmen, Metaphern, Chiasmen, diaphorische Wendungen, Metonymie, Sprechrhythmus in Jamben, Anaphern, Parallelismen, kunstvolle Wendungen, usw. Vgl. hierzu bspw. Floß 1989, S. 68.
162 Braak 1980, S. 13.
163 Stil kann man als „zweckmäßig gestaltete Sprache" (Baur 1987, S. 111) bezeichnen.
164 Schiller SW V, S. 1232.

Auf diese Art geraten Schillers *Ästhetische Briefe* zu einem Zwitterding, in welchem formal und inhaltlich poetische und logische Elemente miteinander verstrickt sind. Einerseits bestehen die *Ästhetischen Briefe* aus einer Mischung von rhetorischen Stilfiguren zur *Überzeugung* des Gefühls und logischer Argumentation zur *Überzeugung* des Verstandes, wobei die „Sprache der [emotionalen; M.G.] Überzeugung [...] stärker [ist] als alle Beweise. Daran hat Schiller sich gehalten. Er wollte nicht nur schlüssig argumentieren, sondern emotional wirken."[165]

Andererseits mischt Schiller ästhetisches Denken mit logischem Denken. Man kann den ‚philosophischpoetischen' Stil also auch als zwitterartigen *Denk*stil Schillers auffassen, wobei logische und ästhetische Denkungsart ausgerechnet die „in permanentem Widerstreit miteinander liegenden Denkweisen unserer abendländischen Tradition" darstellen. Gemeint ist damit „der Widerstreit zwischen dem Gedanken der Identität des (angeblich) Verschiedenen und dem Gedanken der Verschiedenheit des (angeblich) Identischen." Auf der einen Seite manifestiert sich im „Erkenntnisvermögen des Witzes [...] die analogisch-ästhetische, im Erkenntnisvermögen des Scharfsinns die logisch-wissenschaftliche Weltauffassung."[166] Die logisch-wissenschaftliche Denkungsart zeichnet sich aber nicht nur durch trennenden Scharfsinn aus. Sie äußert sich vor allem in der linearen Reihung von Gedanken.[167] Das Ganze wird erst begreifbar, wenn der Durchgang durch den Text einmal vollständig ausgeführt wurde. Das ästhetisch-analogische Denken wiederum zeichnet sich nicht nur dadurch aus, dass Verbindungen über (mitunter bild- oder klanghafte) Analogien hergestellt werden, sondern auch dadurch, dass ästhetische Momente ad hoc und ganz wahrgenommen werden. Ästhetische Gedanken werden *intuitiv* (lat. = unmittelbare Anschauung) erfasst.[168] Ein Musterbeispiel für die Verbindung von logisch-wissenschaftlichem und ästhetisch-analogischem Denkstil liefern die *Kallias-Briefe*. Berghahn bemerkt, dass Schiller auf die Definition „Schönheit ist Freiheit in der Erscheinung" „intuitiv [...] stieß und sie nachträglich logisch absichern wollte"[169]. Die Absicherung gelingt ihm aber *nur* ästhetisch-analogisch über das „*Analogon* der reinen Willensbestimmung" (KB, S. 24), „des *Voninnenbestimmtseins* oder der Freiheit" (KB, S. 37), „das es ihm ermöglicht, das Schöne mit der Freiheit in Verbindung zu setzen".[170]

---

165 Strack 1988, S. 107.
166 Gabriel 1996, S. 2. Es handelt sich hierbei um die Vorlesung, die Gabriel beim Antritt seiner Professur für Philosophie an der Friedrich-Schiller-Universität zu Jena im Jahre 1996 gehalten hat.
167 Vgl. Langer 1992, S.88.
168 Vgl. a.a.O, S. 86 ff.
169 Schiller/Berghahn AW, S. 167.
170 A.a.O., S. 169. Berghahn lehnt die logischen Absicherungsversuche Schillers ab, will aber deshalb die intuitive Definition noch lange nicht fahren lassen.

In den *Ästhetischen Briefen* will Schiller „die Sache der Schönheit vor einem Herzen führen, das ihre ganze Macht empfindet und ausübt" (ÄE, S. 7). Das Geäußerte soll aber „nicht bloß poetisch erlaubt, sondern auch philosophisch richtig" (ÄE, S. 84) sein. So schickt Schiller sich an, das intuitiv Geschaute logisch-wissenschaftlich linear einzuholen. Er will *auch* philosophisch vorgehen. Er benutzt daher einen Methodenmix aus transzendentaler und empirischer Analyse, mischt deskriptive und utopisch-präskriptive Elemente und leistet durch geschickte Wortarrangements mal ästhetisch-analoge Verbindungen, mal logisch-wissenschaftliche Distinktionen. Ein Musterbeispiel hierfür ist einerseits die *dualistische*[171] Scheidung von Form- und Stofftrieb (vgl. Schema I, S. 48), die radikal trennt, was zusammengehört, und den Menschen in eine distinkte Doppelnatur aufspaltet. Schiller tut dies im Wissen, dass die „menschliche Natur [...] ein verbundeneres Ganze in der Wirklichkeit [ist], als es dem Philosophen, der nur durch Trennen was vermag, erlaubt ist, erscheinen zu lassen." (AW, S.110) Allerdings werden die Zuordnungen zu den jeweiligen Trieben so geschickt ästhetisch-analogisch vorgenommen, dass ihre interne Homogenität *evident erscheint*.

Die verblüffendste Konstruktion ist die des Spieltriebs, der die logisch-wissenschaftlich als unvereinbar getrennten, in sich analogisch-ästhetisch homogenisierten Triebe in Form der logisch voneinander separierten Bestimmungen ‚Leben' und ‚Gestalt' in der ästhetisch-analogisch gewonnenen ‚lebenden Gestalt' vereint. Man wird nicht umhin kommen, den Begriffsspielen Schillers einige Genialität zuzugestehen. Als ein Beispiel soll weiterhin der Begriff der ‚Natur' herangezogen werden, von dem Elizabeth Wilkinson, die Schiller ins Englische übersetzt hat, zu berichten weiß, dass Schiller ihn „in mindestens sieben verschiedenen Bedeutungen verwendet."[172] Als Idylle[173] bedeutet *Natur* verlorene Ganzheit des Menschen, welche er aufgrund seiner Doppel*natur* verloren hat, um nun durch Kultur zur *Natur* als Elysium in Form einer utopischen Synthese von Natur und Vernunft zurückzukehren. Der Begriff der ‚Natur' lässt sich in Form eines „Chiasmus, Schillers Lieblingsfigur"[174] arrangieren. Diese Denkfigur kommt mit einem einzigen Begriff aus und umfasst ebenso rationale Distinktionen, wie sie durch ästhetische Analogien die Einheit zur Darstellung bringt. Außerdem lassen sich das rational lineare (gerade Pfeile) wie das mythisch-zyklische Geschichtsbild Schillers (gebogener Pfeil) anhand folgender Figur verdeutlichen:

---

171 Zur Rolle der dualistischen Distinktion vgl. Gebser 1999.
172 Wilkinson 1959, S. 399.
173 Zum Begriff der Idylle vgl. Schillers Abhandlung *Über naive und sentimentalische Dichtung* von 1795/96.
174 Wilkinson 1959, S. 402.

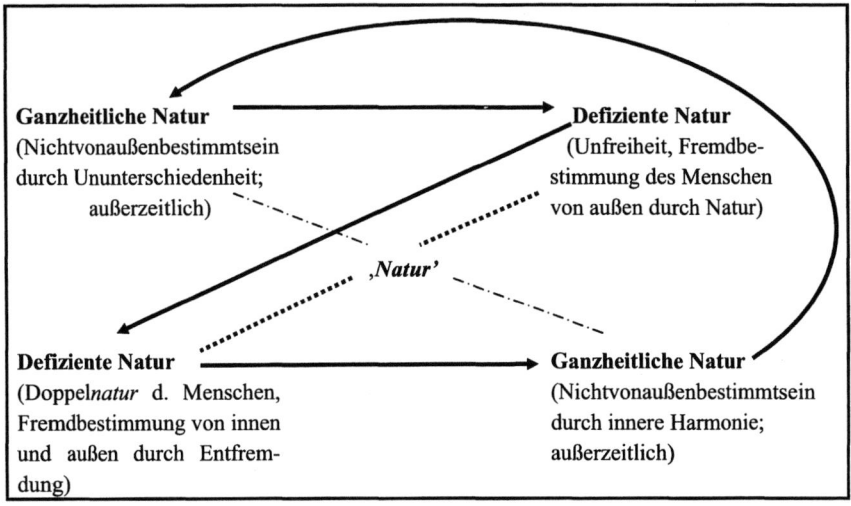

Schaubild 2: Schillers Begriffsarrangements und der Primat des Chiasmus und des Zyklischen[175] am Beispiel des Begriffs der ‚Natur'.

Schiller scheint es jedoch nicht zu schaffen, den logisch-wissenschaftlichen Gang durchzuhalten. Er verstrickt sich in Widersprüche, da sich Distinktionen und Analogien mit dem Fortschreiten der Abhandlung zusehends in die Quere kommen. Aus der Weigerung Schillers, seine Kritik „in den einfachen Schablonen des Für und Wider" zu organisieren, also den eindeutigen Dualismen des Entweder-oder des *nur* Rationalen zu unterwerfen, entsteht die ihm vielfach vorgehaltene „Zweideutigkeit", mithin das „Oszillieren der Schillerschen Kritik"[176].

Schiller zielt auf die Totalität von Verstand und Sinnlichkeit ab. Um sich dieser annähern zu können, darf er nicht allein der eindeutig entscheidenden und damit ausschließenden rationalen, logisch-wissenschaftlichen Denkungsart folgen. Schiller muss das logisch-wissenschaftliche Entweder-oder dem ästhetisch-analogisch synthetisierenden Sowohl-als-auch subordinieren. Wilkinson hat die verschiedenen Formen von Synthesen, die Schiller bezüglich der verwendeten Begriffe benutzt, rekonstruiert. Eine davon zeigt folgenden Aufbau[177]:

---

175 „Und wie im Einzelfalle das strenge Nacheinander der Logik wohl nicht fehlt, aber der Kreuzform [...], dem Chiasmus, untergeordnet ist, so ist im größeren Gefüge die lineare Beweisführung einer kreisförmigen Bewegung untergeordnet." (Wilkinson 1959, S. 412)
176 Tschierske 1988, S. 59.
177 Vgl. Wilkinson 1959, S. 411.

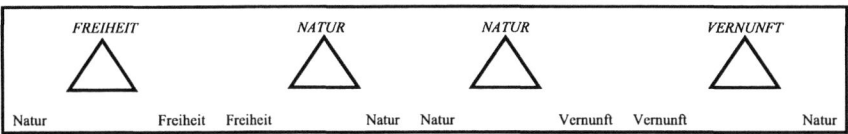

Schaubild 3: Schillers Synthesen nach Wilkinson.

Eine bezüglich der Begriffe variierte Form dieser Synthese macht folgende Metastruktur des Schillerschen Denkstils plausibel:

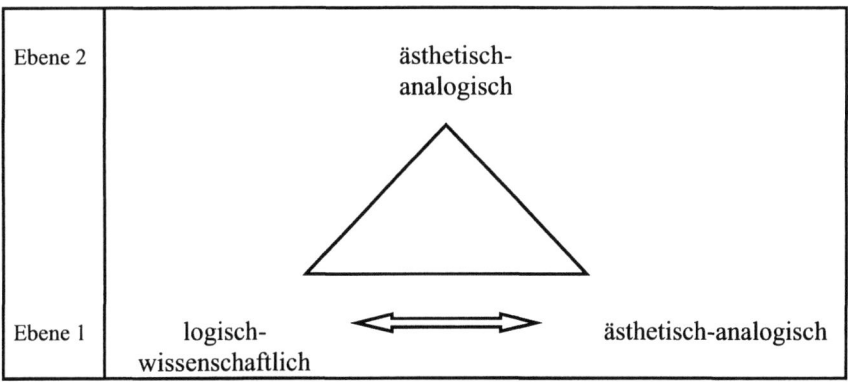

Schaubild 4: Schillers Denkstil als ästhetisch-analogische Synthese.

Man könnte seinen ästhetisch-analogischen Denkstil auch mit den Kategorien magisch/mythisch (≈ästhetisch) versus rational bezeichnen.[178] Das magische Denken würde demnach durch Gleichklang, das mythische Denken durch die Gleichwertigkeit und „Austauschbarkeit"[179] verschiedener Perspektiven[180], über Ähnlichkeit der Vorstellung verbinden, während das rationale Denken aufgrund einer verbindlichen Perspektive auf Eindeutigkeit und Ausschließlichkeit sowohl hinsichtlich der einmal getroffenen Distinktionen als auch der Richtung einer Argumentation abzielt. Nimmt man diese Kategorien zu Hilfe, stellt sich Schillers Abhandlung als Versuch dar, die als defizient und eindimensional, da monoperspektivisch empfundene Eindeutigkeit und Ausschließlichkeit des Rationalen gemäß der „vollständigen anthropologischen Schätzung" (ÄE, S.15) zu einer Totalität des menschlichen Denkens und Empfindens zu erweitern.

---

178 Vgl. Gebser 1999.
179 Wilkinson 1959, S. 407. Diese Austauschbarkeit der Begriffe und Perspektiven bezeichnet Wilkinson auch als „Perspektivismus" (a.a.O., S. 411).
180 Das mythische Denken zeichnet sich als zweidimensionale Polarität durch Symmetrie und Zirkularität aus. Oben und unten, hinten und vorne, etc. können mangels einer *eindeutigen* Perspektive die Positionen vertauschen. Vgl. Gebser 1999, S. 106 ff.

Zu diesem Zwecke wechselt Schiller – aus rationaler Sicht – in seiner Abhandlung permanent die *Perspektive*, um die verschiedenen *Hinsichten* auf die verwendeten Begriffe zu organisieren, welche ihm seine jeweiligen Trennungen und/oder Verbindungen erlauben. Mit Fortschreiten der Abhandlung verwirren sich allerdings die oszillierenden Hinsichten zusehends zu einer paradoxen Undurchschaubarkeit. Der *eindeutige* Durchblick geht mit dem Verlust *einer* verbindlichen Perspektive verloren. Diesem inhaltlichen Oszillieren entspricht die ästhetische Erfahrung eines Hin und Her, das sich beim Leser einstellt und diesen durch das freie ‚Spiel' mit Perspektiven, Ideen, Bildern, Klängen etc. in seinen Bann zieht.[181] Es soll als performativer Akt[182] die mögliche Totalität des Menschen aufscheinen lassen. Schillers Schrift stellt als Essay sowohl eine intellektuelle Kostprobe bezüglich des Inhaltes dar, als auch zugleich – wenn es gelingt – eine Kostprobe der darin beschriebenen und beschworenen Wirkung des Ästhetischen. Es handelt sich um *ästhetische Briefe an den einzelnen Leser. Er* (im beide Geschlechter umfassenden Sinn) – und nicht nur der dänische Mäzen – ist es, der am Bau der wahren politischen Freiheit mitwirken muss. Jeder einzelne soll daher angeregt werden, sich hinaufzustimmen. Die *Ästhetischen Briefe* Schillers sind somit praktische Erfahrung und (Selbst-)Theoretisierung in einem. Die Briefform erfährt damit eine über ihren Entstehungszusammenhang hinausweisende Dimension.[183]

Dennoch scheitert Schiller. Der Dichter, der sich als Philosoph logisch-wissenschaftlich linear von der ästhetisch geschauten Wahrheit entfernte, mit der Absicht sie bis zum Ende der Abhandlung empirisch und logisch einzuholen (vgl. sein Programm: AE, S. 67), bricht die *Ästhetischen Briefe* ab. Rational betrachtet muss er scheitern, da er in der philosophisch-linearen Abhandlung das Ganze, die Totalität der Schönheit in ihrer empirischen Mannigfaltigkeit letztlich nicht einholen kann. Die entsprechende Operationalisierung scheitert – auch wenn man das Erhabene als energische Schönheit auffasst – an der vierwertigen und, genau genommen, unzählige Möglichkeiten umfassenden Typologie der zu

---

181 Wilkinson benutzt die Metapher des englischen Tanzes, um Schillers Stil zu interpretieren. Vgl. Wilkinson 1959.
182 Vgl. Krämer 2007.
183 Eine bestechende Ähnlichkeit zwischen Schiller und Seneca ist erwähnenswert: „Seneca ist der einzige antike Autor, der sich als Dichter *und* Denker artikuliert hat" (Rosenbach V 1999, 613). Seneca verfasste u. a. einen Fürstenspiegel für Nero ('De clementia', 55) als auch die Briefe ‚Epistulae morales ad Lucilium' (62-65). Senecas „Denken ist v. a. von der stoischen Philosophie bestimmt; dabei ging es ihm weniger um die systemat. Grundlegung einer Theorie als um die konkrete Lebensbewältigung mithilfe prakt. Philosophie: Das Ziel des Weisen liege darin, als Vernunftwesen in Entsprechung mit den Gesetzen der Natur zu leben. Auf diesem Weg, der allmählich von den alltägl. Dingen befreit, kann ein Leben glücklich werden und der Geist in Autarkie Ruhe und Gelassenheit (Ataraxie, Apathie) erlangen." (Brockhaus, Bd. 20, Leipzig und Mannheim 1996) Zum Zusammenhang mit Seneca: vgl. vor allem auch Schmitz 1992.

kurierenden Fälle. Die Darstellung der Totalität ist nur poetisch-ästhetisch möglich. Wobei das ästhetisch Geschaute wiederum keinen Begriff zu Tage fördert und für die Erkenntnis unfruchtbar bleiben muss. Wer wüsste das besser als Schiller selbst? Er kann das Geschaute nicht schlüssig rational entfalten. Dennoch unternimmt er den Versuch einer Annäherung an das als unerreichbar beschriebene Ziel. Gerade im Abbruch der Schrift als gescheiterter Versuch der *Annäherung* wird das Ziel erreicht.

Schillers Scheitern ist die Erfüllung des eigenen Programms. Sinnlichkeit und Verstand können philosophischpoetisch aufgrund der darin auch enthaltenen linearen Perspektive unendlich angenähert, aber nicht ineinander überführt werden. Schiller weiß das und gibt seiner Sehnsucht in Form des ‚Mythos` vom schönen Griechentum' Ausdruck:

> „Die Griechen beschämen uns nicht bloß durch ihre Simplicität, die unserm Zeitalter fremd ist; sie sind zugleich unsre Nebenbuhler, ja oft unsere Muster in den nehmlichen Vorzügen, mit denen wir uns über die Naturwidrigkeit unsrer Sitten zu trösten pflegen. Zugleich voll Form und voll Fülle, zugleich philosophierend und bildend, zugleich zart und energisch sehen wir sie die Jugend der Phantasie mit der Männlichkeit der Vernunft in einer herrlichen Menschheit vereinen.
>
> Damals bey jenem schönen Erwachen der Geisteskräfte hatten die Sinne noch kein streng geschiedenes Eigenthum; denn noch hatte kein Zwiespalt sie gereizt, mit einander feindselig abzutheilen, und ihre Markung zu bestimmen. Die Poesie hatte noch nicht mit dem Witze gebuhlt, und die Spekulation sich noch nicht durch Spitzfindigkeit geschändet. Beyde konnten im Nothfall ihre Verrichtungen tauschen, weil jedes, nur auf seine eigene Weise, die Wahrheit ehrte." (ÄE, S. 21)

Er stellt ernüchtert fest: „Wie ganz anders bei uns Neuern!" (ÄE, S. 21) Schiller hat um seine eigene „ZwitterArt" gewusst und sie Goethe gegenüber beschrieben: „Gewöhnlich übereilte mich der Poet, wo ich philosophieren sollte, und der philosophische Geist, wo ich dichten wollte. Noch jetzt begegnet es mir häufig genug, daß die Einbildungskraft meine Abstraktionen, und der kalte Verstand meine Dichtung stört."[184]

Schiller hat mit den *Ästhetischen Briefen* den Versuch unternommen, die *Möglichkeit* der Synthese der empfundenen Widersprüchlichkeit zwischen Poesie (magisch/mythisch) und Philosophie (rational), zwischen Beschwörung (magisch) und Überzeugung (rational) zwischen rational-linearer und mythisch-zirkulärer Geschichtsauffassung, Natur und Vernunft, zwischen Neigung und Pflicht herzustellen. Immer auf der Grenzlinie zwischen Verstand und Einbildungskraft, zwischen rationaler und intuitiver Argumentation, entstand so eine

---

[184] Brief an Goethe vom 31.8.1794; zit. nach Koopmann 1986, S. 227.

merkwürdige, anspielungsreiche Schrift, deren Stil immer wieder und sofort im Anschluss an die Veröffentlichung Kritik hervorrief[185]. Aber einerseits lässt sich der philosophischpoetische Stil mit dem Hinweis auf den Versuch einer Annäherung Schillers an die paradoxe Synthese der Totalität rechtfertigen, so dass gilt: Auch „wenn seine Gedankengänge unlogisch sind, so sind sie weit davon entfernt, sinnlos zu sein; wenn die Form seines Werkes verwirrt, so ist es eine höchst kunstreiche Verwirrung; mit einem Wort (!): das Werk wird von einer wohl definierten – wie auch definierbaren – Intention beherrscht und erfüllt, die dem sprachlichen Detail wie der Gesamtstruktur ihren unverkennbaren Stempel aufdrückt."[186] Andererseits muss es jedem einzelnen Leser überlassen bleiben, im Spiel logisch-ästhetischer Denkungsart die Erfahrung der möglichen eigenen Totalität selbst zu machen oder nicht.

Einzuwenden ist allerdings bei allem Wohlwollen, dass Schillers Essay allein durch seinen Anspielungsreichtum sowie die sprachliche Raffinesse wohl lediglich von ‚einigen wenigen Zirkeln' überhaupt rezipiert werden dürfte. Er gerät damit wiederholt in den Verdacht, ein nur elitäres Projekt zu betreiben, womit er selbst unter der Forderung, die ganze Menschheit hinaufstimmen zu sollen, zurückbleiben würde.

---

185 Schiller reagierte auf diese Kritik im Sommer 1795 mit der Abhandlung *Über die notwendigen Grenzen beim Gebrauch schöner Formen* (SW V, S. 670 ff.), die weitere interessante Aspekte zu Schillers Stil enthält. Beispielsweise wäre die *stilbildende* Rolle des Geschmacks zu nennen, der dem philosophischen Inhalt, der durch den Verstand geliefert wird, die Form geben soll. Dabei ist ja doch gerade die Form mit dem Formtrieb und der Inhalt mit dem Stofftrieb (beispielsweise vorgestellt als Zeichenmaterial o.ä.) identifizierbar.
186 Wilkinson 1959, S. 399.

6. Schillers metapolitische Künstler-Utopie vom „Bau einer wahren politischen Freyheit"

6.1 Die Totalität als Bedingung der wahren politischen Freiheit

Das zentrale Problem, zu dessen Lösung Schillers *Ästhetische Briefe* einen Beitrag leisten sollen, liegt in der doppelten Unmöglichkeit der Staatstransformation vom Naturstaat zum Vernunftstaat, wie dies in der Folge der französischen Revolution sichtbar wurde. Zwar verteidigt er vehement das Ziel der politischen und bürgerlichen Freiheit, Gleichheit und Brüderlichkeit als das für „immer und ewig [...] Heiligste aller Güter" (AB, S.140). Den revolutionären Weg allerdings lehnt er (nicht nur) infolge seiner Homologiethese strikt ab, da der Wechsel vom Naturstaat zum Vernunftstaat nicht möglich ist, bevor die Menschen nicht die Totalität ihres Charakters ausgebildet haben. Zur Herstellung der Totalität bringt Schiller auf transzendentalem Weg die Schönheit in Stellung. Sie soll als ‚lebende Gestalt' die antagonistischen Triebe im Spieltrieb aufheben und dem Menschen die mögliche eigene Totalität aufscheinen lassen. Was transzendental glückt, misslingt in der empirischen Operationalisierung. Die ‚Schönheiten', gefasst als schmelzende und energische Schönheit, kann Schiller nicht schlüssig entwickeln. Er entgeht dieser Problematik, indem er etliche durch das Ästhetische vermittelte Übergänge beschreibt, wobei das Ästhetische an die Stelle des Vernünftigen rückt.

Das Vermittelnde tritt aber nicht versehentlich an die Stelle des zu Erreichenden, der ästhetische Staat nicht durch begriffliche oder denkmethodische Schwierigkeiten an die Stelle des Vernunftstaats.[187] Schiller qualifiziert das Vernünftige von Anfang an als ‚nur problematisch'. Der Vernunftstaat ist vernunftnotwendig, aber damit nur geistig. Seiner Verwirklichung steht die Naturnotwendigkeit der sinnlichen Existenz des Menschen für immer entgegen. Schiller verspricht nicht, „den Staat der Noth mit dem Staat der Freyheit zu vertauschen", sondern er weist darauf hin, dass dies genau dann möglich ist, wenn „T o t a l i t ä t d e s C h a r a k t e r s [...] bey einem Volke gefunden" (ÄE, S. 18) wird. Da er diese Totalität aber, wenngleich prinzipiell möglich, für immer unerreichbar hält, wählt er einen anderen Weg: den Weg der unendlichen Evolution durch die Schönheit, den schönen Schein und den ästhetischen Staat.

---

187 Vgl. Berghahn in ÄE, S. 253. Berghahn zitiert Käte Hamburger. Sie habe auch auf das Problem aufmerksam gemacht, dass „der ästhetische Staat ‚kein Mittel und Durchgangsstadium zum ethischen Staat, sondern Selbstzweck und Ziel, ja sogar ein utopisches Ziel'" (zit. nach Berghahn in ÄE, S. 253) sei.

6.2 Der ästhetische Staat als Bau (an) einer wahren politischen Freiheit

Während der Vernunftstaat nur problematisch ist, aber die Freiheit von Zwang verkörpert, ist der Notstaat real, basiert aber – in gleich welcher Ausprägung – letztlich auf Zwang. Schiller sucht daher nach einem Mittelweg. Da er im Ästhetischen das Vermittelnde erkennt, gelangt er zum ästhetischen Staat, mit dem man sich bereits in einer „Geisterwelt" – allerdings ohne Verlassen der „materiellen Welt" (ÄE, S. 104) – befindet. Der ästhetische Staat ist im doppelten Sinne eine Metapher. Er ist ein Hinübertragender. Er ist kein richtiger Staat, aber ein Staat im hinübertragenden Sinne, da sich in ihm die *präskriptive idealistische Utopie* vom Vernunftstaat mit konkreten sinnlichen Vorstellungen mischt. Schiller ersetzt[188] den Vernunftstaat, und er ergänzt den nur pragmatischen Notstaat um eine auf den Vernunftstaat hin vermittelnde *ästhetisch gewonnene phantastische Utopie*:

> „Auf den Flügeln der Einbildungskraft verlässt der Mensch die engen Schranken der Gegenwart, [...] um vorwärts nach einer unbeschränkten Zukunft zu streben; aber indem vor seiner schwindelnden I m a g i n a - t i o n das Unendliche aufgeht, hat sein Herz noch nicht aufgehört im Einzelnen zu leben, und dem Augenblick zu dienen." (ÄE, S. 98)

Schiller will den ästhetischen Staat nicht als Schwärmerei, als Ersatz für Wirklichkeit oder Wahrheit aufgefasst wissen, sondern als entschieden realistischer als die bloße Vernunftidee und idealler als die bloße Realität. Während die Vernunftidee abstrakt ist und bleiben muss, wird sie erst durch den auf Erfahrung basierenden ästhetischen, virtuellen Abgleich mit der Realität annäherungsweise realisierbar (vgl. Wahrheit vs. Wahrheiten; Tugend vs. Tugenden etc.). Durch den ästhetischen Staat ist Ideelles *virtuell* realisiert, wenn er als ‚Reich des Spiels und des schönen Scheins' komplementär den nur wirklichen Staat zu einer idealen Totalität aus Realismus/Pragmatismus (das, was ist) und dem Streben nach Wahrheit und Vollkommenheit (das, was sein soll) komplettiert. Der ästhetische Staat wird als virtueller, aus Möglichkeit (Erfahrung) und Notwendigkeit (Vernunft) generierter Zwitter Vergleichsobjekt zum realen Staat und damit zur *conditio sine qua non* der Fehleranalyse und Möglichkeit der Korrektur:

> „Dem [...] in klassischen Utopien angelegten kritischen Potenzial an sozialer Fantasie ist es nicht zuletzt zu verdanken, wenn in einer hochspezialisierten, arbeitsteiligen Gesellschaft der kulturelle Horizont der Alltagsroutine nicht gänzlich zum Opfer fällt. Bezieht doch die Möglichkeit zur skeptischen Distanz ihre Motivation aus dem Vermögen der

---

188 Eigentlich ergänzt Schiller den Vernunftstaat um den ästhetischen Staat, aber er ersetzt ihn auch. Auch in diesem Fall liegt ein Oszillieren der Relation vor.

konstruktiven Fantasie, die sich nicht beim *Nun-einmal-so-Seienden* bescheidet."[189]

Schillers ästhetischer Staat ist gleichsam ein Zwitter aus Utopie (das, was sein soll)[190] und Wirklichkeit (das, was ist). Er soll als sinnliches Pfand in Form des Ideals, ‚Freiheit zu geben durch Freiheit', dem Menschen immer wieder als Orientierungsmöglichkeit dienen, sich dem Ideal der wahren Freiheit zu nähern, auch wenn diese Annäherung als unendlicher Prozess imaginiert wird. Schiller stellt der gescheiterten auf den Vernunftstaat abzielenden Revolution die unendliche zwanglose Evolution des ästhetischen Staats auf der historischen Basis des Notstaates entgegen. Er soll als zur Realität komplementäres Reich des schönen Scheins das Hinaufstimmen der Triebe, des Charakters, des Menschen und der Gattung hin zur Totalität frei von Zwang – so weit dies möglich ist – gewährleisten, allerdings ohne dass dies je zu verwirklichen wäre.

Als Bild gefasst, stellt der Vernunftstaat die ideelle Utopie des fertig gestellten ‚Baus der wahren politischen Freyheit' dar. Der Notstaat stellt den real existierenden und weiter auszubauenden Interimbau der in Teilen verwirklichten politischen Freiheit dar[191]. Der ästhetische Staat schließlich stellt in der phantasievollen Überschreitung des Notstaats den Bauplan und damit einen ersten Schritt in Richtung des auszuführenden ‚Baus der wahren politischen Freyheit' dar. Der ästhetische Staat ist damit näher an der Wahrheit als der Notstaat, aber ohne die Wirklichkeit zu verleugnen (Vgl. Schaubild 5).

Hier klingt ein Topos an, der als Primat des „disegno", des geistigen Entwurfs (als „fondamento principio", „concetto", „invenzione", „speculation divino" etc.) bereits in der Renaissance seitens diverser Künstler zu dem Versuch führte, die Kunst wie auch sich selbst gegenüber dem politischen, wirtschaftlichen, militärischen, wissenschaftlichen etc. Pragmatismus aufzuwerten.[192] Schiller knüpft an diese Tradition der Apotheose des disegno als „altro nume" dadurch an, dass er „die Schönheit unsere zweyte Schöpferin nennt." (ÄE, S. 84)

Nimmt man die Ankündigung und Durchführung einer ästhetischen Theorie und vor allem die zentrale Rolle der Schönheit, die Schiller trotz der misslungenen Operationalisierung nicht aufgibt, hinzu, so rechtfertigt der Befund, die *Ästhetischen Briefe* als Künstler-Utopie zu qualifizieren.

Was bedeutet dieser Befund aber für die Einschätzung der Abhandlung als politische Position zu den drängenden Fragen der französischen Revolution?

---

189 Lenk 2005, S. 38.
190 In Anbetracht der Abhandlung *Über naive und sentimentalische Dichtung* wäre noch die Idylle zu ergänzen.
191 Vgl.: das „lebendige Uhrwerk des Staates muß gebessert werden, indem es schlägt, und hier gilt es, das rollende Rad während seines Umschwungs auszutauschen." (ÄE, S. 13)
192 Vgl. Kemp 1974.

Synthese II jenseits der Geschichte		**Vernunftstaat**	wahre politische Freiheit
Synthese I in der Geschichte		Ästhetischer Staat (in der Zeit und der Idee)	Disegno der wahren politischen Freiheit
in der Geschichte	Notstaat (in der Zeit)	*Vernunftstaat* (in der Idee)	Bau der teilweise verwirklichten politischen Freiheit

Schaubild 5: Der ästhetische Staat als vermittelnde Synthese.

6.3 Was ist politisch an den *Ästhetischen Briefen*?

Folgt man der Definition, „Politik" sei „jenes menschliche Handeln, das auf die Herstellung allgemein verbindlicher Regelungen und Entscheidungen (,allgemeine Verbindlichkeit') in und zwischen Gruppen von Menschen abzielt"[193], finden sich in Schillers Abhandlung durchaus politische Aussagen.

Schiller hält es für allgemein verbindlich, dass Zwang und Gewalt gegen Menschen prinzipiell zu unterlassen, im Notfall sogar mit Gewalt zu verhindern sind:

> „Setzt sich [...] in dem Charakter eines Volks der subjektive Mensch dem objektiven noch so kontradiktorisch entgegen, daß nur die Unterdrückung des erstern dem letztern den Sieg verschaffen kann, so wird auch der Staat gegen den Bürger den strengen Ernst des Gesetzes annehmen, und, um nicht ihr Opfer zu seyn, eine so feindseelige Individualität ohne Achtung darnieder treten müssen." (ÄE, S. 17)

Diese Stellungnahme muss im Zusammenhang mit Schillers prinzipiellem Bekenntnis zur „Würde des Menschen" (ÄE, S. 13) gelesen werden. Vielleicht handelt es sich auch um einen strategischen Überrest des Fürstenspiegels, in dem Schiller dezidiert für die Menschen- und Bürgerrechte sowie die Republik eintrat.

---

193 Patzelt 1997, S. 303.

Die Fälle, in denen Schiller für *Zwang, Gewalt*, bzw. *Nötigung* als Notlösung (vgl. Notstaat!) argumentiert, stellen insgesamt Ausnahmen dar.[194] Er tut dies mit dem Ziel, *Zwang* und *Gewalt* einzudämmen und für die Zukunft zu verhindern.[195] Vor dem Hintergrund dieser Ausnahmen kann eine Verbindung zum

---

194 Vgl. Zelle 2005, S. 233.
195 Jürgen Brokoff konfrontiert in seinem Beitrag „Die Unvereinbarkeit von Erziehung und ästhetischer Erziehung" Schillers Erziehungstheorie mit der von Kant, die dieser in seiner 1803 veröffentlichten Vorlesung *Über Pädagogik* ausarbeitete. Kants Grundproblem sei das Paradoxon, dass man Freiheit nur über Zwang in der Erziehung erreichen könne: „Zwang ist nötig!" (zit. nach Brokoff 2006, S. 135). Der Zwang solle aber für Schiller um jeden Preis überwunden werden, was ihm nicht gelinge: „Die ästhetische Freiheit, die die Voraussetzung für die politische und moralische Freiheit ist, wird mit Unfreiheit erkauft." (Brokoff 2006, S. 144) Brokoff führt Schiller an: „Es gibt keinen anderen Weg, den sinnlichen Menschen vernünftig zu machen, als daß man denselben zuvor ästhetisch macht" (zit. nach Brokoff 2006, S. 145). Dieses Ästhetisch-Machen des sinnlichen Menschen allerdings mache „einen Eingriff in die Natur des Menschen notwendig". Schiller schreibe selbst: „Um den ästhetischen Menschen zur Einsicht und großen Gesinnungen zu führen, darf man ihm weiter nichts, als wichtige Anlässe geben; um von dem sinnlichen Menschen eben das zu erhalten, muß man erst seine Natur verändern." (ebd.) Dieser Eingriff in die Natur stehe im Widerspruch zur Freiheit von Zwang, da der sinnliche Mensch der Form unterworfen werden müsse. Brokoff sieht recht deutlich, dass Schiller die Paradoxie von Freiheit und Zwang ebenso wie Kant nicht lösen kann, wirft Schiller aber vor, im Gegensatz zu diesem das Problem verschleiern zu wollen. Brokoff ist aber nur teilweise zuzustimmen. Schiller führt in den von Brokoff zitierten Passagen an: des physischen Menschen „Wille kann über eine Stimmung nichts gebieten, die ja dem Willen selbst erst das Daseyn gibt." (ÄE, S. 92) M. E. beschreibt Schiller vor allem die *Notwendigkeit* des Ästhetischen für den Übergang vom physischen zum moralischen Menschen. Und tatsächlich sieht er auch die Notwendigkeit des Zwanges: „Es gehört also zu den wichtigsten Aufgaben der Kultur: den Menschen auch schon in seinem bloß physischen Leben der Form zu unterwerfen" (ÄE, S. 92). Aber dieser Zwang stellt nur bedingt eine Nötigung dar, da man nur einen freien Willen nötigen kann. Im physischen Zustand verfügt der Mensch noch über keinen freien Willen. Es ist quasi ein Zwang, der den Willen und die Würde erst ermöglichen soll. Denn beispielsweise einem Kind im physischen Zustand erzieherischen Zwang zu versagen, wäre gerade in Bezug auf seine Freiheit und Würde grob fahrlässig. Das Paradoxon sieht m. E. Schiller sehr wohl. Er löst es nicht. Er verschleiert es aber auch nicht. Ein Großteil des dreiundzwanzigsten Briefes handelt davon. Es spricht eher für Schillers umfassendes Konzept, auch diesen Dienst bereit zu sein dem Menschen zu leisten: „leiste deinen Zeitgenossen, aber was sie bedürfen, nicht was sie loben" (ÄE, S. 37). Auch Kinder sind Zeitgenossen. Es ist damit wohl am ehesten das Gegenteil der antiautoritären Erziehung in dem Sinne gemeint, dass „auctoritas" Wachsen-Machen bedeutet. Problematisch wird der Zwang des Ästhetisch-Machens vor allem, wenn man beim ‚physischen Menschen' anstatt eines Kindes einen ‚Wilden' vor Augen hat. Dies dürfte aber durch den Hinweis Brokoffs auf die *Pädagogik* Kants hinfällig sein.
 Michael Hofmann hat ebenfalls darauf hingewiesen, dass Schiller auffällig oft „Metaphern der Gewalt verwendet, um die Funktionsweise der Schönheit zu beschreiben". Vor allem Schillers Forderung, alles der Form zu unterwerfen, scheint Hofmann ver-

Deutschen Grundgesetz gesehen werden.[196] Bereits in dessen erstem Artikel wird die staatliche Anwendung von Gewalt zum Schutze der Würde des Menschen gerechtfertigt. Aber für Schiller ist das Dilemma von *Würde* durch *Gewalt* oder *Zwang* – wie es sich auch im Grundgesetz ausdrückt – Grund und Antrieb, über diese hinauszugehen, ist er doch bemüht, *Zwang* und *Gewalt* im Dienste der *Würde* und der *Freiheit* überhaupt zu überwinden.[197] Er verfolgt „ein allgemeines und höheres Interesse", das „über allen Einfluß der Zeiten erhaben ist, sie [die Gemüter; Anm. M.G.] wieder in Freyheit zu setzen, und die politisch getheilte Welt unter der Fahne der Wahrheit und Schönheit wieder zu vereinigen." (AH, S. 195)

Damit ist der Punkt markiert, an dem Schiller ‚Politik' als *Zwang* überwinden muss, da die zunächst angeführte Politikdefinition von Werner J. Patzelt über das pragmatische ‚*Nun-einmal-so-Seiende*' hinaus keinen Begriff des Politischen mehr zu kennen scheint.

Nimmt man den ursprünglichen griechischen Wortsinn[198], bedeutet ‚Politik' das Wissen um die Kunst (τέχνη) des Zusammenlebens in einer Gemeinschaft (πολιτική). Nimmt man Dolf Sternbergs Definition hinzu, „derzufolge der Friede ‚der Grund und das Merkmal und die Norm des Politischen' ist", so gilt als

---

dächtig: „Die Gewaltlosigkeit der ästhetischen Synthese ist [...] selbst nur ein Schein. [...] Mindestens zwei Kunstkonzepte konkurrieren miteinander in Schillers Abhandlung: eines, das eine gewaltlose Wechselwirkung zwischen Stoff und Form postuliert, und ein anderes, das eine Unterordnung des Stoffes unter die Form fordert." (Hofmann 2003, S. 107)

Als Beleg führt Hofmann folgendes Zitat an: „Wenn der mechanische Künstler seine Hand an die gestaltlose Masse legt, um ihr die Form seiner Zwecke zu geben, so trägt er keine Bedenken, ihr Gewalt anzuthun [...]. Wenn der schöne Künstler seine Hand an die nehmliche Masse legt, so trägt er eben so wenig Bedenken, ihr Gewalt anzuthun, nur vermeidet er, sie zu zeigen." (ÄE, S. 16) Zunächst bringt Hofmann hier zwei verschiedene Sachverhalte miteinander in Verbindung, die m. E. zu unterscheiden sind, und die Schiller im selben Kontext unterscheidet: „Mit einer ganz andern Achtung, als diejenige ist, die der schöne Künstler gegen seine Materie vorgibt, muß der Staatskünstler sich der seinigen nahen und [...] objektiv und für das innere Wesen muß er ihre Eigenthümlichkeit und Persönlichkeit schonen." (ÄE, S. 16) Ein Künstler muss also Gewalt anwenden, wenn er einen Stoff bearbeitet, aber bezüglich einer Person darf er dies nicht. Außerdem übersieht Hofmann den Sachverhalt, dass Schiller unter Form wie so oft mindestens zweierlei versteht. Einerseits ist die Form die Antithese zum Stoff. Andererseits ist sie Synthesis aus Form und Stoff: „Ich bin wenigstens überzeugt, daß die Schönheit nur die Form einer Form ist und daß das, was man ihren Stoff nennt, schlechterdings ein geformter Stoff sein muß. Die Vollkommenheit ist die Form eines Stoffes, die Schönheit hingegen ist die Form dieser Vollkommenheit: die sich also gegen die Schönheit wie der Stoff zu der Form verhält." (KB, S. 7)

196 Vgl. Moersch 2005, S. 9.
197 Vgl. zur Relation Politik – Gewalt: Jank 1999, S. 96.
198 Vgl. zur Affinität Schillers zur griechischen Antike bspw. die Schrift *Die Gesetze des Lykurgus und Solon* (SW IV, S. 805-836).

„*politisch* [...] alles, was immer unter dem ausdrücklichen *Einsatz friedlicher Mittel* mit dem Ziel *friedlicher Verständigung* geschieht."[199] In der Zusammenführung beider Ansätze könnte ‚politisch' demnach *auch* aufgefasst werden 1) *als das Wissen um die Kunst des friedlichen Zusammenlebens in einer Gemeinschaft*, welches sich damit 2) *als das mit friedlichen Mitteln zu erreichende Ziel darstellt*, um 3) *den Zustand des Zwanges, der Gewalt und der Nötigung, die Frieden verhindern, zu überwinden*.

Schiller will den *Frieden im Individuum* stiften, denn wenn die Pflicht dem andern gegenüber zur freiwilligen Neigung wird, wenn der Eigennutz aus Einsicht und gutem Willen hinter die volonté générale zurücktritt, ist die Möglichkeit gegeben, „Freiheit zu geben durch Freiheit" (ÄE, S. 120). Schiller will dabei den existierenden Menschen nicht einem ‚nur problematischen' neuen opfern. Sein Konzept der individuellen Totalität wendet sich gegen jedwede Form des gesellschaftspolitischen Totalitarismus und der Unterdrückung. Mit Schiller wären Nationalsozialismus und real existierender Sozialismus nicht zu begründen. Auch gegen die gefährlichen Tendenzen einer *Ästhetisierung* der Politik, wo sie zur Täuschung wird, spricht sich Schiller aus. Der ästhetische Schein soll „die Grenzen der Wahrheit bewahren; denn er kann den Schein nicht von der Wirklichkeit reinigen, ohne zugleich die Wirklichkeit von dem Schein frey zu machen." (ÄE, S. 110) Schillers Ansatz der ästhetischen Erziehung ist demnach auf ein Durchschauen des Scheines zum Zwecke einer Unterscheidung von Täuschung und Wahrheit/Wirklichkeit hin konzipiert.

Die *Ästhetischen Briefe* können nun – gleichviel welcher Politikdefinition man folgt – nicht mehr einfach als weltfern und apolitisch abqualifiziert werden.[200]

---

199 Zit. nach Gerhardt 1995, S. 152. Wobei mit Gerhardt einzuräumen ist, dass diese Definition auch nicht alle politischen Phänomene abdeckt, vgl. ebd.

200 Vielmehr könnte und müsste im Anschluss an Schiller eine Definition von ‚Politik' oder ‚politisch' vorgenommen werden. Patzelts Definition könnte dabei zugrunde gelegt werden, müsste aber erweitert werden, da ich behaupte, dass sie nicht alle Facetten des Politischen umfasst. Die von ihm angeführte ‚allgemeine Verbindlichkeit' erschöpft sich „in verpflichtenden Entscheidungen sowie in Regeln, an die sich jeder Handlungspartner zu halten hat", (Patzelt 1997, S. 21). Patzelt geht es beim Politischen um das „*Setzen[...] und Durchsetzen[...] von Regeln.*" (Patzelt 1997, S. 22) Allgemeine Verbindlichkeit, auf die man ‚verpflichtet' wird, an die man sich ‚zu halten hat', die also gesetzt und durchgesetzt wird, dürfte zwar auch von Schiller durchaus anerkannt werden. Aber sie bleibt für ihn der zu überwindende Zwang des Notstaats. Ihm schwebt eine Ordnung vor, die auf Freiwilligkeit oder - wenn man so will - auf allgemeiner Verbundenheit und/oder individuell freiwilliger Verbindlichkeit beruht und damit ‚allgemeine Verbindlichkeit' - aufgrund der oben ausgeführten Bestimmungen wohl zu Recht mit Zwang assoziiert - ausschließt. Ist aber deshalb Schillers Utopie apolitisch oder post-politisch? (Patzelt lehnt dies ab. Für ihn ist Schillers Utopie politisch. Personal communication)

Mit der aus der etymologischen Herleitung und aus Sternbergs Bestimmung synthetisierten Definition habe ich versucht, Schillers Utopie das Prädikat ‚politisch' zuzuspre-

95

6.4 Schillers metapolitische Künstler-Utopie

Kritisch einzuwenden bleibt, dass Schiller durch das negative, abstrakt idealtypische Design seiner Utopie[201] davon ausgeht, dass der ewige Friede und die wahre politische Freiheit für immer unerreichbar sind. Mit der Absolutheit seiner Homologiethese, mit der die Notwendigkeit, einen jeden hinaufstimmen zu müssen, einhergeht, versperrt Schiller sich nicht nur das Ankommen bei, sondern auch bereits den Weg zu der ‚wahren politischen Freiheit'. Denn jeden Einzelnen durch Schönheit zur Totalität, die es zudem nicht geben kann, hinauf-

---

chen. Sternbergs Definition hat zwar ein schwerwiegendes Problem: wie in Anm. 199 bereits eingeräumt, umfasst sie nicht alle politischen Phänomene (vor allem bspw. Krieg etc.), beschreibt aber dennoch etwas genuin Politisches. Kurz und gut behaupte ich, dass beide Definitionen nicht hinreichen, das, was unter ‚politisch' zu verstehen sei, *umfassend* zu definieren. Mein Vorschlag daher in einer an Schiller orientierten Überschreitung Patzelts: *Politik ist jenes menschliche Handeln, das auf die Herstellung allgemeiner Verbindlichkeit und/oder allgemeiner Verbundenheit auf der Basis individuell freiwilliger Verbindlichkeit in und zwischen Gruppen von Menschen abzielt.*

Um Patzelt nicht Unrecht zu tun, sei an dieser Stelle seine Replik auf meine Kritik an seinem Politikbegriff angeführt: „Vielmehr ist es ganz egal, auf welchem Weg etwas allgemein verbindlich wird.- etwa: durch Freiwilligkeit." „Mir scheint [...], daß das, was Schiller vorschwebt, durchaus auch unter meinen Politikbegriff fällt - als seltener, vielleicht utopischer Idealfall." (personal communication) Patzelt ist zuzustimmen. So könnte man beispielsweise unter ‚allgemeiner Verbindlichkeit' auch individuell freiwillige Verbindlichkeit verstehen, die allgemein geworden ist, und unter deren Herstellung wiederum das Darauf-Hin-Wirken (hierauf hat mich Bente Scheller hingewiesen). Damit würden Schillers Überlegungen durch Patzelts Politikbegriff gedeckt. Dennoch legen Patzelts Bestimmungen von ‚allgemeiner Verbindlichkeit' (s. oben) eine solche Interpretation nicht nahe. Sie schließen sie aber auch nicht aus. Was tun? Ich habe allein schon aus pragmatischen Gründen größte Sympathie für Patzelts Lösung, die „die Inhalte möglichst aller [...] Politikdefinitionen [...] in sich aufnimmt und dennoch klar und einfach ist." (Patzelt 1997, S. 16) Ich möchte allerdings nicht nur aus Gründen der Genauigkeit nicht auf die von mir getroffene Differenzierung verzichten.

201 Eine Utopie (‚Ou-topos') als Vision eines (noch) nicht existierenden Menschen oder einer (noch) nicht existierenden gesellschaftlichen Ordnung kann Verschiedenes bedeuten. Die Utopie kann erstens eine „Vision einer Gesellschaft [sein], die im Prinzip verwirklicht werden kann, auch wenn wir nicht die Mittel zu ihrer Verwirklichung kennen oder über sie verfügen." Wenn „auf der Grundlage einer Analyse der bestehenden Gesellschaft und ihrer Tendenzen" ein Weg gewiesen werden kann, wie die ‚ideale' Gesellschaft zu erreichen sei, handelt es sich zweitens um eine ‚konkrete' Utopie. Drittens kann Utopie aber auch „als eine regulative Idee aufgefasst werden, d. h. als ein Prinzip, das lediglich Handlungen regelt, deren Verwirklichung aber nicht in vollem Umfang erwartet wird." „Schließlich kann unter Utopie eine bewusste Abstraktion in Gestalt einer idealtypischen Konstruktion einer Gesellschaft verstanden werden, in der eine [sic!] oder mehrere Faktoren aus der wirklichen Welt [...] bis zur äußersten Konsequenz geführt werden, ohne daß man sich vorstellt, dass eine solche Gesellschaft jemals verwirklicht werden soll." (Philosophielexikon, hrsg. v. Hügli/Lübcke 2000, S. 646)

zustimmen, muss an der Vielzahl von Fällen scheitern, da diese einer unüberschaubaren Fülle an differenziert abgestimmten ‚Schönheiten' bedürfte. Die Ersetzung (Ergänzung) des nicht realisierbaren Vernunftstaats durch den virtuell realisierbaren ästhetischen Staat erscheint in dieser Hinsicht als Ersatz[202] für eine gescheiterte Operationalisierung der Schönheit.

Schiller jedoch *puren* Eskapismus in das „fröhliche[...] Reich[...] des Spiels und des Scheins" (ÄE, S. 120) vorzuwerfen, würde der Sache nicht gerecht. Zum ersten ist seine *deskriptive* Analyse des entfremdeten Menschen richtungsweisend. Zweitens ist seine *präskriptive* Maxime des ästhetischen wie des Vernunftstaates in jedem Fall zu verteidigen. Wieso sollte er unter der Forderung des Maximums, der umfassenden Synthese, zurückbleiben? Gerade in der Ermöglichung des Abgleichs mit dem Maximum hat der ästhetische wie der Vernunftstaat als „negative Utopie [...] seinen Sinn, weil der existierende Staat sich an diesem Maßstab hinsichtlich seiner Legalität und Legitimität zu rechtfertigen hat."[203] Auch wenn Schiller keine für die praktische Umsetzung geeignete Operationalisierung des Schönen gelingt, stimmt es nicht, dass er „davon absieht, den direkten Schritt von der Diagnose zu praktikablen Vorschlägen – und seien sie auch bloß utopischer Natur – zu wagen"[204]. Er wagt ihn, aber es gelingt ihm nicht, bezüglich der Anwendung der Schönheit eindeutige Antworten zu liefern, weiß er doch selbst, dass letztlich die „ganze Magie derselben [...] auf ihrem Geheimnis" (ÄE, S. 8) beruht.

Insgesamt dürfte Schillers Scheitern seine Ursache darin haben, dass ihm „die Freyheit ihres [des Lesers; M.G.] Geistes [...] unverletzlich seyn" (ÄE, S. 8) soll. Der Leser soll durch die Lektüre angeregt werden, selbst den Weg zur Freiheit einzuschlagen.[205] Schiller beschränkt sich konsequenter Weise auf den Versuch, den Leser einzuführen, zum Weiterdenken und -fühlen anzuregen und vor allem in eine Stimmung des Spiels zu versetzen.[206]

Es liegt die Vermutung nahe, dass Schiller mehr *geschaut* hat, als er mit seiner Abhandlung *eindeutig* einholen kann und *will,* wie er auch mehr an empirischer *Mannigfaltigkeit* zu berücksichtigen sich vornimmt, als er *überblicken* kann.

Die *Ästhetischen Briefe sollen* als Zwitter aus Poesie und Wissen eine Kostprobe[207] Schillers philosophischer (Kulturphilosophie, Ästhetik, praktische, politische, theoretische Philosophie, Anthropologie) Theorie und der möglichen Er-

---

202 Vgl. Kösser 2006, S. 149.
203 Dode 1985, S. 135.
204 Tielkes 1973, S. 147.
205 „Der d o g m a t i s c h e Lehrer [...] zwingt uns seine Begriffe auf, der s o k r a - t i s c h e lockt sie aus uns heraus, der Redner und der Dichter gibt uns Gelegenheit, sie mit scheinbarer Freiheit aus uns selbst zu erzeugen" (AB, S. 131).
206 Dieser Versuch, wie die Theorie des Spiels, die Schiller hinterlassen hat, ist überhaupt noch einen genaueren (Aus-)Blick wert (s. Kap. 7).
207 Vgl. Schlaffer 2004, S. 3: „Essay als literarische Form der Kostprobe".

fahrung des freien Spiels (der Perspektiven und der Ideen) sein. Sie sind ein Zwitter aus logisch-wissenschaftlichem und ästhetisch-analogischem Denkstil. Und sie sind ein Zwitter aus Künstler-Utopie, Selbstvergewisserung, ästhetischer Theorie mit Tendenz zum apolitischen Eskapismus einerseits und Antwortversuch auf die drängenden politischen Fragen im Anschluss an die Französische Revolution andererseits. Sie bleiben bezüglich der eingangs gestellten Frage, ob den Ästhetischen Briefen eine politische Dimension zuzuordnen ist, in einer merkwürdigen Schwebe. Es ist allerdings möglich, eine vermittelnde Antwort zu geben.

Zunächst lässt sich die Künstler-Utopie als das engagiert verfolgte Motiv des Dichters Schiller gerade da erkennen, wo keine logisch-wissenschaftliche Einholung gelingt. Dies widerspricht aber nicht der Feststellung, dass die Abhandlung in mehreren Hinsichten ernstzunehmende politische Theorien und Inhalte transportiert. Gleichwohl grenzt sich Schiller vom *nur* Politischen (im Sinne der Definition Patzelts) ab, da es in seinen Augen Teil einer fragmentierten und fragmentierenden prosaischen Welt des Zwangs und der Unfreiheit ist.[208] Die *Ästhetischen Briefe* sind weder als politische noch als apolitische, sondern wohl am ehesten als metapolitische Künstler-Utopie[209] zu werten.

Die jenseitige Utopie der Totalität, aufgefasst als Norm und Ziel des friedvollen Miteinanders unter der Bedingung der Freiheit von Zwang, bleibt als *Synthese* (als das ‚bloß' Politische aufhebend) wie als *regulative Idee* politisch. Mit diesem Orientierungspunkt und einer wie auch immer gearteten Schönheit überlässt Schiller das Feld dem Leser.[210] Mit dem Ziel der Totalität, dem mit Reizen verbundenen Appell und dem aufgezeigten ‚Weg durch die Schönheit' hat Schiller einen Anfang gemacht. Er weiß ohnehin, dass jeder Einzelne die Richtung zur Totalität nur selbst einschlagen kann. Schiller steht dabei aber nicht gegen eine politische Ordnung qua Gesetz, nur ist dies nicht sein Thema und Anliegen. Er kümmert sich letztlich um das, wozu er sich am besten eignet, und wozu er sich berufen fühlt: um die Kunst, die Freiheit des Menschen und nicht nur den Traum davon.[211] Es ist daher konsequent, dass Schiller, da er sich durch die phi-

---

208 Für Schiller steht bspw. fest, „daß unser Denken und Treiben, unser bürgerliches, politisches, religiöses, wissenschaftliches Leben und Wirken, wie die Prosa der Poesie entgegengesetzt ist. Diese Übermacht der Prosa in dem Ganzen unseres Zustandes ist, meines Bedünkens, so groß und so entschieden, daß der poetische Geist, anstatt darüber Meister zu werden, notwendig davon angesteckt und zugrunde gerichtet werden müßte. [...] Daher scheint es mir ein Gewinn für ihn zu sein, daß er seine eigene Welt formiert und durch die Griechischen Mythen der Verwandte eines fernen, fremden und idealischen Zeitalters bleibt, da ihn die Wirklichkeit nur beschmutzen würde." (Schiller an Herder, 4. Nov. 1795, zit. nach Berghahn in NSD, S. 128)
209 Vgl. Borchmeyer 1998, S. 255: „metapolitisches Jenseits".
210 Bisweilen wird dies auch so gewendet, dass er den Leser hoffnungslos im Stich lässt. Vgl. bspw. Hubbert 1995, S. 25f.
211 Vgl. Ueding 1978, S. 96.

losophische Beschäftigung mit der Zeit zu „prosaisch" fühlt, alsbald seine „philosophische Bude schließ[t]"²¹².

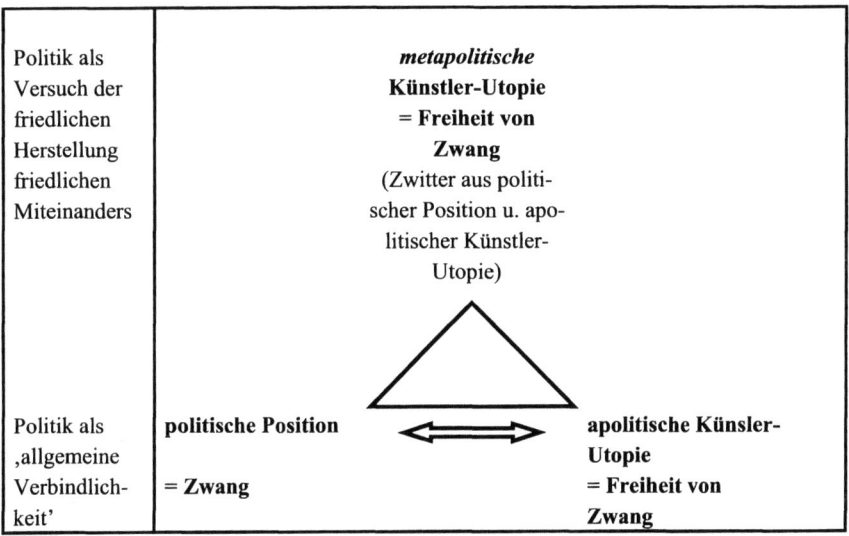

Schaubild 6: Schema der metapolitischen Künstler-Utopie.

Seit jeher ziehen Schillers *Ästhetische Briefe* Kritik aus rationalen wie aus pragmatischen Gründen auf sich. Kein Wunder, kritisiert Schiller mit seiner Schrift doch die vereinseitigenden und entfremdenden Wirkungen der Rationalitätsgläubigkeit der Aufklärung wie auch die des egoistischen Nutzenkalküls. Er tut dies, ohne selbst eindeutige Antworten zu liefern. Aber er hinterlässt etwas anderes. „Schiller fragt die wesentliche Frage nach der Freiheit, wie sie sich im Anschluss an die Französische Revolution stellen konnte (und wir heute sind keinen Schritt weiter): warum im Zeitalter der Vernunft ‚wir noch immer Barbaren sind' [...]?"²¹³ Diese(r) Frage wird sich jeder selbst stellen müssen.

---

212 Brief an Goethe am 17.12.1795, zit. nach Oellers 2005, S. 78.
213 Pott 1980, S. 119.

7. Ausblick: Rationalitätskritik und Bewusstseinsbildung - Skizze einer Theorie des Spiels in Anlehnung an Schiller

Schillers nur problematischer ‚Bau einer wahren politischen Freyheit' als statisches Projekt in Form des Vernunftstaates ist von Anfang an nicht auf eine (einfache) Ausführung hin konzipiert. Er wird durch den realisierbaren virtuellen Bau des ästhetischen Staates ersetzt. Dieser soll als permanente Bauaufgabe auf der Grundlage des realen Staates die Richtung zur wahren Freiheit weisen, die aber unerreichbar bleiben muss. Hubbert klagt, Schiller habe die eigene „utopische Energie [...] zum Stillstand gebracht [...] mit einer Gründlichkeit, die nichts [...] zu hoffen [...] übrig läßt."[214]

> „Siehe! Da weinen die Götter, es weinen die Göttinnen alle,
> Daß das Schöne vergeht, daß das Vollkommene stirbt.
> Auch ein Klagelied zu sein im Mund der Geliebten, ist herrlich,
> Denn das Gemeine geht klanglos zum Orkus hinab."[215]

Schiller wendet sich gegen bloße Schwärmerei, will die Schönheit nicht zur eskapistischen Realitätsflucht missbraucht wissen. Der schöne Schein darf nicht an die Stelle der Wirklichkeit treten, so dass der Mensch seinen Realitätssinn verliert. Er darf auch nicht an die Stelle der Wahrheit treten, so dass die Vernunft Schaden nimmt.

Dieser Ausblick soll zeigen, dass Schiller zwar über die bloße Wirklichkeit hinaus will, um die Wahrheit zu erobern, aber auch mit beiden Beinen fest auf dem Boden der Realität stehen bleibt. Sein Ziel ist die Intensivierung aller Bewusstseins- und Lebensenergien. Sein Mittel ist das Spiel.

Schillers Rationalitätskritik ist in Verbindung mit der Theorie des Spiels immer noch für die Bewältigung aktueller Probleme von Relevanz. In der Mitte seiner *Ästhetischen Briefe* gibt er ein merkwürdiges Versprechen:

> „Denn um es endlich auf einmal herauszusagen, der Mensch spielt nur, wo er in voller Bedeutung des Worts Mensch ist, und er ist nur da ganz Mensch, wo er spielt. Dieser Satz, der in diesem Augenblicke vielleicht paradox erscheint, wird eine große und tiefe Bedeutung erhalten, wenn wir erst dahin gekommen seyn werden, ihn auf den doppelten Ernst der Pflicht und des Schicksals anzuwenden; er wird, ich verspreche es Ihnen, das ganze Gebäude der ästhetischen Kunst und der noch schwürigern Lebenskunst tragen." (ÄE, S. 63)

Die Schwierigkeit in allen Kulturen besteht nach Schiller darin, dass „alle ohne Unterschied durch Vernünfteley von der Natur abfallen müssen, ehe sie durch

---

214 Hubbert 1995, S. 25f.
215 Auszug aus dem Gedicht *Nänie* von 1799 (SW I, S. 242).

Vernunft zu ihr zurückkehren können." (ÄE, S. 20) Wurden dem Griechen seine Formen von der „alles vereinenden Natur" erteilt, so übernimmt dies beim Neuern „der alles trennende Verstand" (ÄE, S. 22). ‚Vernünfteley', ‚alles trennender Verstand' und einseitige, defiziente, am Eigennutz orientierte Rationalität[216]

---

216 Vgl. Gebser 1999, S. 126 ff. Gebser konstatiert den „endgültigen Sieg[...] der defizient mentalen, der rationalen Struktur (seit etwa 1790)" (Gebser 1999, S. 143). Führt man Schillers und Gebsers Beobachtungen in einer Synopse zusammen, zeigen sich erstaunliche Parallelen, die für das bessere Verständnis der Schillerschen ‚Rationalitätskritik' von Nutzen sein dürften.

Die mentale Bewusstseinsstruktur ist nach Gebser vor allem durch „Gerichtetheit, die Perspektivität und damit aber auch die sektorierende Teilung" (A.a.O., S. 126) gekennzeichnet. Im Gegensatz zum mythischen ‚Denken' ist das mentale nicht mehr „imaginierendes Bilder-Entwerfen, das sich in der Eingeschlossenheit des die Polarität umfassenden Kreises abspielte", „sondern es ist objektbezogen und damit auf die Dualität, diese herstellend gerichtet, und erhält seine Kraft aus dem einzelnen Ich." (A.a.O., S. 128) Das *einzelne Ich* findet sich nun nicht mehr im zyklischen Lauf der Welt (mythisch) sondern ihr gegenüber: „Aus einem Sklaven der Natur [...], wird der Mensch ihr Gesetzgeber, sobald er sie denkt. Die ihn vordem nur als M a c h t beherrschte, steht jetzt als O b j e k t vor seinem richtenden Blick." (ÄE, S. 103)

Was zuvor zweidimensional polar verbunden war, also durch Vertauschen der Plätze etwas *sowohl* das eine *als auch* das andere gegenüber sein konnte (Poesie [...] und [...] Spekulation [...] konnten [...] ihre Verrichtungen tauschen"; ÄE, S. 21), wird durch die dritte Dimension der Perspektive eindeutig festgelegt. Polares *Sowohl-als-auch* wird zu *Dualismus*, zu Entweder-oder verschärft. Dieses Verlangen nach Eindeutigkeit führt zu einer zunehmenden Fragmentierung („Zusammenstückelung unendlich vieler, aber lebloser Theile"; ÄE, S. 23), Sektorierung aller Bereiche („schärfere Scheidung der Wissenschaften", „strengere Absonderung der Geschäfte und Stände"; ÄE S. 22), denn wo für nur einen Aspekt (lat. ad-spectare: Blickwinkel, Gesichtspunkt, Perspektive) sich entschieden wird, wird gleichzeitig gegen einen anderen entschieden, oder ein anderer Aspekt übersehen. Eindeutige Gerichtetheit und Recht durch Regeln („die Wissenschaft streng ihre Grenzen bewachen[d]", „die Kunst in den schweren Fesseln der Regeln"; ÄE, S. 34), die Entsprechung von richtig und rechtens ist ebenfalls nicht zufällig. „Wo der Gesetzgeber in Erscheinung tritt und nötig wird, da ist das alte Gleichgewicht (das ein polar-mythisches war) gestört, und es beginnt jenes Setzen und Fixieren, das es wieder herstellen soll" (Gebser 1999, S. 130). Die perspektivische Betonung des einzelnen Ich veranlasst dieses, die eigenen Bedürfnisse immer stärker in den Vordergrund zu rücken. *Ego*ismus („Mitten im Schooße der raffinirtesten Geselligkeit hat der Egoism sein System gegründet"; ÄE, S. 19) und Zweck*rationalität* („Der N u t z e n ist das große Idol der Zeit, dem alle Kräfte frohnen und alle Talente huldigen sollen"; ÄE, S. 9) gewinnen immer mehr an Bedeutung und bezeichnen den Übergang von der mentalen zu deren Defizienzform, der *rationalen* Bewusstseinsstruktur. In dieser Struktur wird das *ambivalente* Sowohl-als-auch vom *eindeutigen* Entweder-oder langsam aber sicher verdrängt (Vgl. zum Anliegen der Moderne, und insbesondere der totalitären Regime Nationalsozialismus und Kommunismus, *Ambivalenz* zugunsten von *Eindeutigkeit* auszutilgen: Baumann 1992: „Moderne und Ambivalenz"). Neben der binären Codierung geht mit der defizient rationalen Struktur die Überbetonung der *Messbarkeit durch „Quantifizierung"* (Gebser 1999, S. 146; Herv. MG.) einher. Was zuvor punkthaft (magisch)

dürften das gleiche meinen.²¹⁷ Mit der ‚Vernünfteley' geht das nur einseitig rationale Bewusstsein der menschlichen Doppelnatur einher, ein unseliges Mittelding zwischen Vieh und Engel zu sein.
In der Erfahrung der möglichen Totalität im Spiel werden nach Schiller die Dualismen der menschlichen ‚Vernünfteley' und ‚Doppelnatur' synthetisiert.

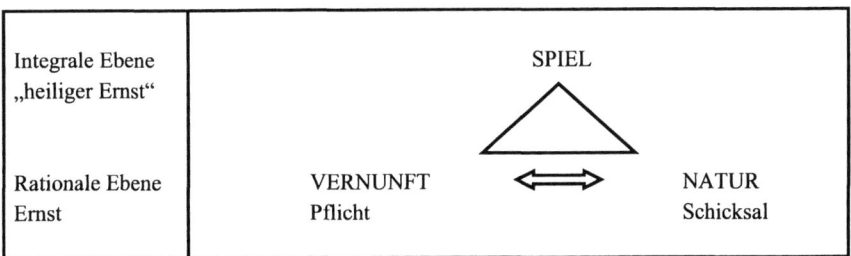

Schaubild 7: Das den doppelten Ernst aufhebende Spiel.

Das rationale sowohl feindlich dualistische als auch auf Eigennutz gerichtete *Entweder-oder* wird in der Illusion (in ludo!) *aufgehoben*.²¹⁸ Das Spiel ist über-

---

oder kreisförmig/zyklisch (mythisch) war, wird nun additiv, linear gedacht. In der rationalen Struktur wird dies gar ins Maßlose ausgedehnt. Für die Wahrnehmung der Gesellschaft bedeutet dies Desintegration durch die Extremformen der Vereinsamung oder *Isolation des Individuums* auf der einen Seite, wie auch die *Vermassung* durch Unzählbarkeit auf der anderen Seite: „und wir sehen nicht bloß einzelne Subjekte sondern ganze Klassen von Menschen nur einen Theil ihrer Anlagen entfalten" (ÄE, S. 22). Das Nutzenkalkül zerstört darüber hinaus das Gemeinschaftsleben („und wie aus einer brennenden Stadt sucht jeder nur sein elendes Eigenthum aus der Verwüstung zu flüchten"; ÄE, S. 20). Vor diesem Hintergrund des defizienten *rationalen dualistischen Denkens* wird eine Interpretation der *Ästhetischen Briefe* möglich, diese *auch* als engagierten Versuch erscheinen lassen, dem „endgültigen Sieg[...] der defizient mentalen, der rationalen Struktur" (Gebser 1999, S. 143) etwas entgegenzusetzen: die Synthese aus der dualistischen Doppelnatur Vernunft und Natur im Spiel.

217 Schillers *Ästhetische Briefe* wurden immer wieder zu Recht als Vernunftkritik interpretiert. Wichtig ist, dass Schillers Kritik der Vernunft sowohl als genitivus obiectivus als auch als genitivus subiectivus gelesen werden kann. So kritisiert Schiller die aufklärerische Hybris der Vernunft, (=alles trennender Verstand, Vernünfteley), da, wo sie in der einseitigen anthropologischen Schätzung die natürlich-sinnliche Seite des Individuums vernachlässigt oder gar unterdrückt. Gleichzeitig kritisiert er diese „Vernünfteley" vom aufklärerischen Standpunkt der Vernunft aus, die für ihn letztlich eine Synthese, eine Totalität aus „Natur" und „Vernunft" im weitesten Sinne darstellt.

218 Es fällt bezüglich der Aufhebung des strikten *Entweder-oder* vor allem auch auf, dass Schiller den Spieltrieb an der Stelle einführt, an welcher er den Dualismus Formtrieb vs. Stofftrieb in eine Aporie getrieben hat. Vgl. hierzu: „Unter diesem Gesichtspunkt schlage ich z. B. eine ganz andere Eintheilung der ästhetischen Briefe vor als üblich. Die ers-

haupt nur möglich, wenn die dualistische Unterscheidung des Rationalen bestehen bleibt. „*Nur und gerade dann, wenn wir die Illusion des Spiels durchschauen, werden wir von dieser Illusion gepackt.*"[219] Aber die *eindeutige Perspektive* und *Zweckgerichtetheit* wird aufgehoben. „Wenn das Wissen zum Inhalt hat, daß das Spiel eben ‚nur ein Spiel' ist, so muß das Spiel zugleich eine gegenteilige Illusion beinhalten – nämlich die, ‚mehr als nur ein Spiel' zu sein."[220] Der doppelte Ernst der Pflicht und der Vernunft wird im ‚heiligen Ernst'[221] des Spiels aufgehoben.

Mit der Aufhebung des bloß Ernsten wird auch das zweckrationale Selbst[222] zugunsten einer Intensivierung der mythischen und magischen Bewusstseinsstrukturen aufgehoben. Sokel hat bezüglich des Schillerschen Beispiels „der Juno Ludovisi" festgestellt, dass beim Anblick derselben dem sexuellen Reiz nicht nachgegangen werden kann, da es sich um eine Skulptur handelt.[223] Es „tritt Distanzierung ein von dem egozentrischen Drang nach Befriedigung. Das Individuum wird sich selbst ferner. Es wird ‚selbst-loser' und in diesem Sinne dem anderen geöffnet. Kunst hat entselbstende Wirkung."[224]

Das Spiel ermöglicht durch die Aufhebung der eindeutigen Perspektive sowohl die Aktivierung der magisch lautlichen und mythisch bildlichen *Ein*fühlung als auch den Wechsel der Perspektive. Dadurch wird das *Eins*fühlen mit anderen Menschen, der Natur und sogar der gesamten Schöpfung ermöglicht. Eine Intensivierung der mythischen Bewusstseinsstruktur (Perspektivenwechsel) kann eine gesellschaftliche Symmetrisierung (Weltenbürger) bewirken. Gadamer hat diesen Effekt im Zusammenhang mit Kunst als „Fest" beschrieben.[225] Auch Cassirer stimmt ein: „Die Atmosphäre der Humanität wird durch die Kunst hervorgebracht. Wenn dies stimmt, dann ist ein Band gefunden, das alle

---

ten zehn Briefe: Exposition des Problems, rhetorischer Aufweis einer Aporie, in die Schiller den Leser selbst hineinführt; dann die Lösung durch die transzendentalästhetische Deduktion." Bernd Bräutigam in der Diskussion zu Borchmeyer, in: Wittkowski 1990, S. 292.
219 Pfaller 2002, S. 115.
220 A.a.O., S. 123.
221 Vgl. Huizinga 2001, S. 27f. In diesem Zusammenhang verweist Huizinga auf die Stelle in Platons Nomoi liber VII, 803 c: „Was ich sagen möchte, ist folgendes: dass der Mensch gleichsam ein Spielzeug in der Hand Gottes ist, und daß der Umstand, daß er Spiel zu sein vermag, geradezu und in Wahrheit an ihm das Beste ist. Deshalb sollen alle, ob Mann oder Frau, nach diesem Ziel streben und aus den schönsten Spielen den eigentlichen Inhalt ihres Lebens machen – der heute herrschenden Auffassung zuwider. Spiel, Scherz, Kultur sind – das betonen wir – für uns Menschen die ernsteste Sache."
222 Die Zweckfreiheit der Kunst, oder das interesselose Wohlgefallen (Kant) gehören in dieses Feld.
223 Überdies liegt hier, wie Sokel feststellt, eine Antizipation der Freudschen Sublimationstheorie vor.
224 Sokel 1990, S. 268.
225 Vgl. Gadamer 2000.

Rassen eint. Denn Kunst ist nicht das Privileg einer Klasse. Sie ist wie die Sonne, die für die Gerechten und Ungerechten scheint, für die niederen Rassen so gut wie für die höheren."[226]

Durch die Austauschbarkeit im Mythischen[227], die Möglichkeit die Perspektive zu wechseln, wird der Andere als eine real(isiert)e Möglichkeit des eigenen Ich erfahrbar: eine Grunderfahrung der Empathie, die, wenngleich in indirekter Form, in der so genannten goldenen Regel ‚Was Du nicht willst, was man Dir tu, das füg auch keinem andern zu' ihren Ausdruck findet. Auch Dode stellt fest: „Schiller interpretiert den Spielbegriff [...] als Instanz sozialer Vermittlung. [...] Die idealtypische Veredelung der Person gründet [...] in dem Gesetz einer freiwilligen Selbstbegrenzung. [...] Indem sich die Subjekte nun geradezu spielerisch gegenseitig einen Handlungsspielraum gewähren, erkennen sie sich untereinander als gleichberechtigte Personen an."[228] Das Prinzip ‚Freiheit zu geben durch Freiheit' assoziiert Schiller daher ganz zu Recht mit dem *ästhetischen Staat, dem Reich des Spiels*.

Die Einfühlung kann sich sogar zu einer „Ehrfurcht vor dem Leben"[229] oder der Schöpfung überhaupt weiten. Das Spiel ist also, auch wenn es zwecklos ist, keineswegs sinnlos.[230] Zeitgenössische politische, ökonomische oder soziologische Spieltheorien bleiben hinter den humanisierenden Möglichkeiten des Spiels weit zurück, da sie mit Nutzen und der Erreichung bestimmter Zwecke verbunden bleiben.[231]

Was aber, wenn aus Schein Glamour und aus Spiel Event wird? Safranski konstatiert ernüchtert: „Als Arzt der Kultur hat er [Schiller; M.G.] der Gesellschaft eine Spieltherapie verordnet. Daß die Lust am Spiel aber selbst zu jener Krankheit werden könnte, als deren Therapie sie aufgeboten wird, hat er sich nicht träumen lassen."[232] Allein die „Medienkultur bewirkt Lockerungen bis hin zur Bereitschaft, sich gehen zu lassen. [...] Die Spielfelder erstrecken sich inzwischen fast über den ganzen Raum des gesellschaftlichen Betriebs. Das hat Schiller nicht geahnt, und er hätte es sich als Erfüllung seiner Utopie auch nicht

---

226 Cassirer 1994, S. 313. Vgl. hierzu auch bspw. Fromm 1995, S. 57: „Humanismus [...] ist [...] gekennzeichnet durch den Glauben an die Einheit der Menschheit, durch den Glauben, dass es nichts Menschliches gibt, das nicht in jedem von uns zu finden wäre".
227 Hierher gehört wohl auch die Qualifizierung als Hin und Her, bzw. Auf und Ab des Spiels. Vgl. Krämer 2007 sowie Gadamer 1990, S. 110.
228 Dode 1985, S. 136f.
229 Vgl. Schweitzer 1997.
230 Vgl. Guardini 1997.
231 Vgl. bspw. Reinhold, Gerd (Hrsg.): Soziologielexikon, München und Wien ⁴2000, S. 635. Man kann das Spiel instrumentalisieren, so wie man Menschen instrumentalisieren kann. Und man kann es sogar erzwingen. Aber das ändert an der Selbstzweckhaftigkeit beider nichts.
232 Safranksi 2005, S. 32.

gewünscht."²³³ Safranski hat aber nicht ganz Recht. Schiller konnte zwar nicht ahnen, in welcher fröhlichen „Spaßgesellschaft"²³⁴ wir heute leben. Aber er hat bereits im Zusammenhang mit der schmelzenden Schönheit „bey allen Vortheilen der Verfeinerung" auf die depravierenden Gefahren ihrer „erschlaffenden Wirkungen" (ÄE, S. 42) hingewiesen, die auch mit dem Spiel einhergehen können.²³⁵ Schiller schlägt daraufhin den transzendentalen Weg ein. So beweist er die den Menschen für einen Augenblick komplettierende Macht des Spiels. Das Spiel soll die Rationalität – und darin liegt der Kern der Aufklärungskritik Schillers – komplettieren, nicht verdrängen, sie soll aufheben, nicht bloß negieren. Durch die Intensivierung des Bewusstseins soll das Spiel, die ganzheitliche Vernunft, den Sieg über die defiziente Vernünftelei davontragen, wobei der Sieg als Versöhnung gedacht wird. Schillers ästhetische Erziehung zielt damit auf Intensivierung und Bildung des Bewusstseins zum übergeordneten Zweck (!) der sukzessiven Schaffung des Friedens und der wahren politischen Freiheit.²³⁶

Dass Schiller seine Theorie des Spiels nur auf die Kunst anwendet, wie dies Jank²³⁷ bemängelt, mag daran liegen, dass Schiller als Dichter die Kunst am Herzen und am nächsten lag. Bezüglich der Lebenskunst müssten aber auch andere wie religiöse, sportliche²³⁸ und überhaupt spielerische Betätigungen berücksichtigt werden. Kuno Fischer sieht im Humor als einem ästhetischen Spiel

---

233 Safranksi 2005, S. 32.
234 Bundespräsident Johannes Rau weist in seiner Schiller-Rede von 2003 auf die Gefahren der „Spaßgesellschaft" hin. (http://www.bundespraesident.de/Die-deutschen-Bundespraesident/Johannes-Rau/Reden-,11070.93434/Schiller-Rede-von-Bundespraesi.htm; Zugriff: 06. 03.07)
235 Um das Spiel in seinem integrierenden und das Bewusstsein intensivierenden Zwischenreich zu halten, muss es eingehegt werden. Schiller spielt diese Einhegung anhand des ästhetischen Scheins durch (vgl. ÄE, S. 108). Vgl. auch Huizinga 2001, S.18: Das Spiel „'spielt' sich innerhalb bestimmter Grenzen von Zeit und Raum ,ab'."
236 Das Politische daran: „Das Ziel der Umgestaltung absolutistischer Herrschafts- und Machtstrukturen in Europa wird nicht an einen revolutionären Weg gebunden, sondern an die Entwicklung des Bewusstseins. Schillers ästhetische Theorie ist auf Bildung und Erziehung des Menschen gerichtet. Reformen haben in dieser Sichtweise nur Bestand, wenn sie von dem entwickelten und weiterzuentwickelnden Bewusstsein ausgehen." (Haller-Nevermann 2005, S. 20.)
237 Vgl. Jank 1999.
238 In meinem Essay „Auf in den Kampf! Rein sportlich natürlich." habe ich auf die integrierende und versöhnende Wirkung des sportlichen Spiels hingewiesen (http://www.bmi.bund.de/Internet/Content/Common/Anlagen/Themen/Wettbewerbe/2006/1__Essay__Ganter,templateId=raw,property=publicationFile.pdf/1_Essay_Ganter.pdf; Zugriff: 6.3.07). Auch bei Schiller findet sich eine kleine Sporttheorie der „unblutigen Wettkämpfe[…]" (ÄE, S. 62).

mit Ideen gar die höchste Form erlebbarer Aufhebung der menschlichen Widersprüchlichkeit:[239]

> „Ich meine das Höchste und Tiefste, was der Mensch an sich vollbringen kann: *die volle und wahre Selbsterkenntnis,* die nicht möglich ist ohne eine helle Erleuchtung der eigenen Karikatur, ohne sich selbst lächerlich zu scheinen, ohne die komische Vorstellung der andern heiter über sich ergehen zu lassen. [...] Hier ist die ästhetische Freiheit vollendet. Sie ist im Humor zur Empfindungsweise und Gemütsart geworden, ein nie versiegender Strom, der [...] nie duldet, daß wir verknechtet an den Dingen und an dem Staube der Dinge kleben bleiben, sondern uns zurücknimmt in das flüssige Element der ästhetischen Freiheit."[240]

Im fröhlichen Spiel und schönen Schein liegen Verheißungen der Ganzheit und der wahren Freiheit, die sich nur im Augenblick des Erlebens erschließen. Schiller hat gezeigt, wie fragil die menschliche Harmonie ist, und wie sehr uns der doppelte Ernst der Pflichten und des Schicksals, der bloße Ernst unseres alltäglichen Lebens bestimmen. Schiller zeichnet ein menschliches Bild der condition humaine. Er verzichtet auf utopische Verheißungen, an die er selbst nicht glaubt. Aber er hinterlässt uns die Theorie und ermöglicht die Erfahrung des Spiels, um deren „große und tiefe Bedeutung" (ÄE, S. 63) er wusste.

---

239 Schiller sah das wohl ganz ähnlich und verblüfft durch die Aufwertung der Komödie: „Diese Freyheit des Gemüths in uns hervorzubringen und zu nähren, ist die schöne Aufgabe der Comödie" (NSD, S. 43).
240 Fischer 1996, S. 112.

Epilog

Als ich das letzte Mal nach Berlin kam, um mit Prof. Münkler über die vorliegende Publikation zu sprechen, kam mir plötzlich, als der Zug gerade die Stadtgrenze hinter sich gelassen hatte, ein Bild in den Sinn. Es handelt sich dabei um eine Schwarz/Weiß-Photographie, auf der Grenzpolizisten und drei seltsame Figuren auf Stelzen zu sehen sind: die ‚Mauerkieker' von Peter Lenk. Nach kurzem Überlegen kam ich zu dem Schluss, diese dem Leser nicht vorenthalten zu wollen. Warum?

In den Mauerkiekern wird die harm- wie schamlose, scharfe und entwaffnende Waffe des Humors und der Kunst besonders deutlich sichtbar. Lenk errichtete sie 1985 auf abenteuerlichste Weise am Checkpoint Charlie.[241] Mit seiner Aktion untergrub er als notwendig akzeptierte Regeln, indem er diese mit den tiefer liegenden Regeln des allgemein Menschlichen konfrontierte. Lenk ließ drei Figuren auf Stelzen von West nach Ost über die Mauer kieken: Lenin, Wilhelm II. und Herrn Jedermann. Zwei historische Antipoden vereint im allgemein menschlichen Mauerkieken wie Jedermann. Eine Karikatur, die auch den Betrachter selbst nicht verschont. Wobei Kritik, mit einem Augenzwinkern vorgetragen, die Einsicht in die eigene Fehlbarkeit noch am erträglichsten macht. Peter Lenks Mauerkieker als Überzeichnung, uneigentlicher Unsinn, die den eigentlichen Unsinn, den Wahnsinn der Grenzziehung durch die Berliner Mauer und des Über-die-Mauer-Kieken-Tourismus' erst so richtig sichtbar macht. Welch eine Befreiung, beim Anblick dieser Figuren nach Herzenslust zu lachen - auch für die Volkspolizisten. Und wer lacht, das wusste Lenk, der schießt nicht.

Auch sonst nahm Lenk sich die Freiheit, zu selbst gewählten Anlässen Skulpturen zu schaffen, um diese dann irgendwo aufzustellen oder gar zu verschenken. Freiheit meinte und meint dabei auch immer wieder befreite und befreiende Heiterkeit, was aber nicht mit dem Auslachen aller Kultur und Sitte, nicht mit Zynismus zu verwechseln ist. Vielmehr ist es das befreiende, das kynische[242] Lachen von unten gegen die Missstände dieser Welt zu allen Zeiten. Ist dies nicht auch ein ganz besonderer Beitrag zum ‚Bau einer wahren politischen Freyheit'? Und forderte nicht Schiller von einem Künstler: „Lebe mit Deinem Jahrhundert, aber sei nicht sein Geschöpf: leiste deinen Zeitgenossen, aber was sie bedürfen, nicht was sie loben. [...] Der Ernst deiner Grundsätze wird sie von dir scheuchen, aber im Spiele ertragen sie sie noch [...]. Ihre Maximen wirst du umsonst bestürmen, ihre Taten umsonst verdammen, aber an ihrem Müßiggange kannst du deine bildende Hand versuchen" (ÄE, S. 37)?

---

241 Vgl. hierzu die Selbstauskunft des Künstlers in: Lenk 1988.
242 Vgl. zur Unterscheidung zynisch - kynisch: Sloterdijk, 2 Bde. 1983.

Mauerkieker von Peter Lenk, Berlin 1985 (Privatarchiv Peter Lenk).

Abkürzungen zitierter Literatur

AB	=	Augustenburger Briefe, in: Schiller 2000.
ÄE	=	Ueber die ästhetische Erziehung des Menschen in einer Reihe von Briefen, in: Schiller 2000.
AH	=	Ankündigung in den Horen, in: Schiller 2000.
AW	=	Über Anmut und Würde, in: Schiller 2003.
KB	=	Kallias oder über die Schönheit, in: Schiller 2003.
NA 26	=	Schillers Werke. Nationalausgabe 1943 etc. – Bd. 26.
NSD	=	Über naive und sentimentalische Dichtung, in: Schiller 2005a.
SB IV	=	Schillers Briefe, hrsg. v. Fritz Jonas, Bd. IV, Stuttgart u. a. 1894.
SW	=	Schiller, Sämtliche Werke in fünf Bänden, München 2004.
ÜdE	=	Über das Erhabene, in: Schiller 2005b.
ÜdP	=	Über das Pathetische, in: Schiller 2005b.
UG	=	Was heißt und zu welchem Ende studiert man Universalgeschichte? In: Schiller 2006.
VZ	=	Versuch über den Zusammenhang der thierischen Natur des Menschen mit seiner geistigen, SW V, S. 287-326.

Bibliographie

Primärliteratur

Gesamtausgaben:

Schillers Werke. Nationalsausgabe, begr. v. J. Petersen und H. Schneider, hrsg. v. Liselotte Blumenthal und Benno von Wiese, Weimar 1943 (im Gange).
- **Bd. 26.**
Schiller, Friedrich: Sämtliche Werke in fünf Bänden, hrsg. v. Peter-André Alt, Albert Meier und Wolfgang Riedel, München 2004.

Einzelausgaben:

Schiller, Friedrich: Über die ästhetische Erziehung des Menschen in einer Reihe von Briefen. Mit den Augustenburger Briefen, hrsg. u. komm. v. Klaus L. Berghahn, Stuttgart 2000.
Schiller, Friedrich: On the Aesthetic Education of Man in a series of letters. English and German, Edited and Translated with an Introduction, Commentary and Glossary of Terms by Elisabeth Mary Wilkinson and L. A. Willoughby, New York 1967.
Schiller, Friedrich: Über naive und sentimentalische Dichtung, hrsg. u. komm. v. Klaus L. Berghahn, Stuttgart 2005a.
Schiller, Friedrich: Vom Pathetischen und Erhabenen. Schriften zur Dramentheorie, hrsg. u. komm. v. Klaus L. Berghahn, Stuttgart 2005b.
Schiller, Friedrich: Kallias oder über die Schönheit. Über Anmut und Würde, hrsg. u. komm. v. Klaus L. Berghahn, Stuttgart 2003.
Schiller, Friedrich: Was heißt und zu welchem Ende studiert man Universalgeschichte? Eine Akademische Antrittsrede, hrsg. u. komm. v. Otto Dann, Stuttgart 2006.

Schillers Briefe, hrsg. und mit Anm. vers. von Fritz Jonas, Bd. IV Stuttgart u. a. 1894.

Sekundärliteratur zu Schiller allgemein und den *Ästhetischen Briefen*

Alt, Peter-André: Schiller. Leben – Werk – Zeit, Zweiter Band, München 2000.
Ders.: »Arbeit für mehr als ein Jahrhundert«. Schillers Verständnis von Ästhetik und Politik in der Periode der Französischen Revolution (1790-1800), in: Jahrbuch der Deutschen Schillergesellschaft, Jg. 46, Stuttgart 2002, S. 102-133.

Barnouw, Jeffrey: „Freiheit zu geben durch Freiheit". Ästhetischer Zustand – Ästhetischer Staat, in: Wittkowski 1982, S. 138-180.
Bauer, Barbara: Friedrich Schillers »Maltheser« im Lichte seiner Staatstheorie, in: Jahrbuch der Deutschen Schillergesellschaft, Jg. 35, Stuttgart 1991, S. 113-149.
Baur, Wilfried: Rückzug und Reflexion in kritischer und aufklärerischer Absicht. Schillers Ethik und Ästhetik und ihre künstlerische Gestalt im Drama, Frankfurt am Main u. a. 1987.
Bahr, Erhard (Hrsg.): Was ist Aufklärung? Thesen und Definitionen, Stuttgart 2004.
Behler, Constantin: Nostalgic Teleology: Friedrich Schiller and the Schemata of Aesthetic Humanism, New York u.a. 1995.
Berghahn, Klaus L.: Schillers philosophischer Stil, in: Koopmann 1998, S. 289-301.
Ders.: Schiller. Ansichten eines Idealisten, Frankfurt 1986.
Ders.: Ästhetische Reflexion als Utopie des Ästhetischen, in: Vosskamp 1982, S.146-171.
Ders.: Schillers mythologische Symbolik. Erläutert am Beispiel der »Götter Griechenlands«, in: Brandt, 1987, S. 361-381.
Borchmeyer, Dieter: Ästhetische und politische Autonomie: Schillers >Ästhetische Briefe< im Gegenlicht der Französischen Revolution, in: Wittkowski 1990, S. 277-290.
Ders.: Weimarer Klassik. Portrait einer Epoche, Weinheim 1998.
Brandt, Helmut (Hrsg.): Friedrich Schiller – Angebot und Diskurs. Zugänge, Dichtung, Zeitgenossenschaft, Berlin u. Weimar 1987.
Ders. und Beyer, Manfred (Hrsg.): Ansichten der deutschen Klassik, Weimar und Berlin 1981.
Bräutigam, Bernd: Die ästhetische Erziehung der deutschen Ausgewanderten, in: Zeitschrift für Deutsche Philologie, Band 96, Heft 4, 1977.
Brokoff, Jürgen: Die Unvereinbarkeit von Erziehung und ästhetischer Erziehung. Friedrich Schillers Briefe *Über die ästhetische Erziehung des Menschen*, in: Jahrbuch der Deutschen Schillergesellschaft, Jg. 50, Stuttgart 2006, S. 134-149.
Bürger, Jan (Hrsg.): Friedrich Schiller. Dichter, Denker, Vor- und Gegenbild, Göttingen 2007.
Burschell, Friedrich: Friedrich Schiller, Hamburg [33]1999.

Cassirer, Ernst: Idee und Gestalt. Goethe · Schiller · Hölderlin · Kleist, Darmstadt 1971.
Ders.: Der Mythus des Staates. Philosophische Grundlagen politischen Verhaltens, Frankfurt am Main 1994.

Ders.: Versuch über den Menschen. Einführung in eine Philosophie der Kultur, Hamburg 1996.
Ders.: Freiheit und Form. Studien zur Deutschen Geistesgeschichte, Gesammelte Werke Hamburger Ausgabe Bd. 7, hrsg. v. Birgit Recki, bearb. v. Reinold Schmücker, Hamburg 2001.
Cho, Kyoung-Sik: Selbstreferentialität der Literatur. Das »ästhetische Spiel«, der Moraldiskurs und ihr Verhältnis in der ästhetischen Theorie Friedrich Schillers. Eine systemtheoretische Studie, Bielefeld 1997.

Dahnke, Hans-Dietrich: Schönheit und Wahrheit. Zum Thema Kunst und Wissenschaft in Schillers Konzeptionsbildung am Ende der achtziger Jahre des 18. Jahrhunderts, in: Brandt/Beyer 1981, S. 84-116.
Darsow, Götz-Lothar: Friedrich Schiller, Stuttgart Weimar 2000.
Dann, Otto: Friedrich Schiller in Deutschland und Europa, in: Aus Politik und Zeitgeschichte: Schiller, Heft 9-10/2005, hrsg. v. Golz, Hans-Georg, S. 23-31.
Disselbeck, Klaus: Geschmack und Kunst. Eine systemtheoretische Untersuchung zu Schillers Briefen „Über die ästhetische Erziehung des Menschen, Opladen 1987.
Dode, Ralf-Erik: Ästhetik als Vernunftkritik. Eine Untersuchung zum Begriff des Spiels und der ästhetischen Bildung bei Kant – Schiller – Schopenhauer und Hebbel, Frankfurt am Main · Bern · New York 1985.
Duflo, Carlos: Le jeu de Pascal à Schiller, Paris 1997.
Durst, David C.: Zur politischen Ökonomie der Sittlichkeit bei Hegel und der ästhetischen Kultur bei Schiller. Eine Studie zur politischen Vernunft, Wien 1994.

Feger, Hans: Die Macht der Einbildungskraft in der Ästhetik Kants und Schillers, Heidelberg 1995.
Floß, Ulrich: Kunst und Mensch in den ästhetischen Schriften Friedrich Schillers. Versuch einer kritischen Interpretation, Köln – Wien 1989.
Fuhrmann, Helmut: Zur poetischen und philosophischen Anthropologie Schillers. Vier Versuche, Würzburg 2001.

Gethman-Seifert, Annemarie: Idylle und Utopie. Zur gesellschaftskritischen Funktion der Kunst in Schillers Ästhetik, in: Jahrbuch der Deutschen Schillergesellschaft, Jg. 24, Stuttgart 1980, S. 32-67.
Grathoff, Dirk; Leibfried, Erwin (Hrsg.): Schiller. Vorträge aus Anlaß seines 225. Geburtstages, Frankfurt am Main u.a. 1991.
Greulich, Wolfgang: Recht und Staat in Schillers Werken, ohne Ort und Jahr.

Habermas, Jürgen: Der philosophische Diskurs der Moderne, Frankfurt am Main 1985.

Haller-Nevermann, Marie: Ein Weltbürger, der keinem Fürsten dient, in: Aus Politik und Zeitgeschichte: Schiller, Heft 9-10/2005, hrsg. v. Golz, Hans-Georg, S. 14-22.
Hamburger, Käte: Philosophie der Dichter. Novalis – Schiller – Rilke, Stuttgart u. a. 1966.
Heidegger, Martin: Übungen für Anfänger. Schillers Briefe über die ästhetische Erziehung des Menschen. Wintersemester 1936/37. Seminar-Mitschrift von Wilhelm Hallwachs, hrsg. v. Ulrich von Bülow, Stuttgart 2005.
Heinrich, Dieter: Beauty and Freedom. Schiller's Struggle with Kant's Aesthetics, in: Cohen; Guyer 1982, S. 237-257.
Hofmann, Michael: Schiller. Epoche - Werk - Wirkung, München 2003.
Hubbert, Joachim: Ästhetik und Gemeinsinn, in: Untersuchungen zur Philosophischen Ästhetik Band 4, Bochum 1995.
Humboldt, Wilhelm von: Über Schiller und den Gang seiner Geistesentwicklung (1830), in: Oellers 1970, S. 287-309.

Jäger, Manfred: Mein Schiller-Jahr 1955, in: Aus Politik und Zeitgeschichte: Schiller, Heft 9-10/2005, hrsg. v. Golz, Hans-Georg, S. 32-38.
Jank, Carolin: Schiller und Plato. Vom Staate der Vernunft und dem Scheine der Kunst. Untersuchungen zur politiko-ästhtetischen Antinomie, Amsterdam – Atlanta 1999.
Janke, Wolfgang: Die Zeit in der Zeit aufheben. Der transzendentale Weg in Schillers Philosophie der Schönheit, Kant-Studien 58, Bonn 1967, S. 433-457.
Janz, Rolf-Peter: Autonomie und soziale Funktion der Kunst. Studien zur Ästhetik von Schiller und Novalis, Stuttgart 1973.
Ders.: Über die ästhetische Erziehung des Menschen in einer Reihe von Briefen, in: Koopmann 1998, S. 611-626.

Karthaus, Ulrich: Schiller und die Französische Revolution, in: Jahrbuch der Deutschen Schillergesellschaft, Jg. 33, Stuttgart 1989, S. 210-239.
Koopmann, Helmut (Hrsg.): Schiller-Handbuch, Stuttgart 1998.
Ders.: Schiller-Forschung 1970-1980. Ein Bericht, Marbach 1982.
Ders.: »Bestimme Dich aus Dir selbst«. Schiller, die Idee der Autonomie und Kant als problematischer Umweg, in: Wittkowski 1982, S. 202-216.
Ders.: Denken in Bildern. Zu Schillers philosophischem Stil, in: Jahrbuch der Deutschen Schillergesellschaft, Jg. 30, Stuttgart 1986, S. 218-250.
Ders.: Friedrich Schiller, Bd. II: 1794-1805, Stuttgart 1966.
Kösser, Uta: Ästhetische Erziehung gegen die „Übel der Kultur", in: Dies.: Ästhetik und Moderne. Konzepte und Kategorien im Wandel, Erlangen 2006, S. 140-156.

Krämer, Sybille: Ist Schillers Spielkonzept unzeitgemäß? Ein Kommentar zum Zusammenhang von Spiel und Differenz in Schillers Briefen ‚Über die ästhetische Erziehung des Menschen', in: Bürger 2007, S. 158-172.
Krüger, Michael: Friedrich Schiller, in: Aus Politik und Zeitgeschichte: Schiller, Heft 9-10/2005, hrsg. v. Golz, Hans-Georg, S. 3-6.

Leisner-Egensperger, Anna: Historia Magistra des Staatsrechts. Fußnoten zu einer berühmten Jenaer Antrittsvorlesung, Stuttgart u. a. 2004.
Lüderssen, Klaus: „Daß nicht der Nutzen des Staats Euch als Gerechtigkeit erscheine". Schiller und das Recht, Frankfurt am Main und Leipzig 2005.
Luserke-Jaqui, Matthias (Hrsg.): Schiller Handbuch. Leben – Werk – Wirkung, Stuttgart und Weimar 2005.

Martin, Nicholas: Nietzsche and Schiller. Untimely Aesthetics, Oxford 1996.
Meier, Albert: Der Grieche, die Natur und die Geschichte. Ein Motivzusammenhang in Schillers *Über die ästhetische Erziehung* und *Über naive und sentimentalische Dichtung*, in: Jahrbuch der Deutschen Schillergesellschaft, Jg. 19, Stuttgart 1985, S. 113-124.
Mein, Georg: Die Konzeption des Schönen. Der ästhetische Diskurs zwischen Aufklärung und Romantik: Kant – Moritz – Hölderlin – Schiller, Bielefeld 2000.
Menges, Karl: Schönheit als Freiheit in der Erscheinung. Zur semiotischen Transformation des Autonomiegedankens in den ästhetischen Schriften Schillers, in: Wittkowski 1982, S, 181-199.
Mettin, Hermann Christian: Die Bedeutung des Staates in Schillers Leben, Weltanschauung und Dramen, Hanau am Main 1937.
Moersch, Karl und Hölzle, Peter: Alle Menschen werden Brüder. Das moderne Europa Friedrich Schillers, Filderstadt 2005.
Muehleck-Müller, Cathleen: Schönheit und Freiheit. Die Vollendung der Moderne in der Kunst. Schiller – Kant, Würzburg 1989.

Nitschak, Horst: Kritik der ästhetischen Wirklichkeitskonstitution. Eine Untersuchung zu den ästhetischen Schriften Kants und Schillers, Frankfurt am Main 1976.

Oellers, Norbert: Schiller. Elend der Geschichte, Glanz der Kunst, Stuttgart 2005.
Ders.: Die Aktualität eines Idealisten, in: Aus Politik und Zeitgeschichte: Schiller, Heft 9-10/2005, hrsg. v. Golz, Hans-Georg, S. 6-14.
Ders. (Hrsg.): Schiller – Zeitgenosse aller Epochen. Dokumente zur Wirkungsgeschichte Schillers in Deutschland Teil I: 1782-1859, Frankfurt am Main 1970.
Ders.: Idylle und Politik. Französische Revolution, ästhetische Erziehung und die Freiheit der Urkantone, in: Wittkowski 1982, S. 114-134.

Pieper, Heike: Schillers Projekt eines ‚menschlichen Menschen'. Eine Interpretation der „Briefe über die ästhetische Erziehung des Menschen" von Friedrich Schiller, Lage 1997.

Price, Cora Lee: Wilhelm von Humboldt und Schillers »Briefe über die ästhetische Erziehung des Menschen«, in: Jahrbuch der Deutschen Schillergesellschaft, Jg. 11, Stuttgart 1967, S. 358-373.

Pugh, David: Dialectic of Love. Platonism in Schiller's Aesthetics, Montreal u. a. 1997.

Pott, Hans-Georg: Die schöne Freiheit. Eine Interpretation zu Schillers Schrift „Über die ästhetische Erziehung des Menschen in einer Reihe von Briefen", München 1980.

Ders.: Schiller und Hölderlin. Studien zur Ästhetik und Poetik, Frankfurt am Main u. a. 2002.

Rainer, Ulrike: Schillers Prosa. Poetologie und Praxis, Berlin 1988.

Rasch, Wolfdietrich: Schillers Aufsatz über die Anfänge der Menschheitsgeschichte, in: Wittkowski 1982, S. 220-227.

Redfield, Marc: The Politics of Aesthetics. Nationalism, Gender, Romanticism, Stanford 2003.

Reuter, Helmut Harald: Der Intellektuelle und die Politik. Beiträge zur politisch-literarischen Intellektualität von Schiller bis Handke, Frankfurt am Main und Bern 1982.

Riecke-Niklewski, Rose: Die Metaphorik des Schönen. Eine kritische Lektüre der Versöhnung in Schillers ‚Über die ästhetische Erziehung des Menschen in einer Reihe von Briefen'. Untersuchungen zur deutschen Literaturgeschichte, Bd. 39, Tübingen 1986.

Ruppert, Matthias: Unvollendete Totalität. Untersuchungen zu Friedrich Schillers Konzept einer vollständigen ästhetischen Erziehung, Mainz 1996.

Safranksi, Rüdiger: Schiller als Philosoph. Eine Anthologie, Regensburg 2005.

Ders.: Schiller oder die Erfindung des Deutschen Idealismus, Bonn 2004.

Schenk, Christian: Muss Literatur moralisch sein? Friedrich Schiller und der Streit um Ethik und Ästhetik heute, Mainz 2000.

Schiller's politisches Vermächtnis. Ein Seitenstück zu Börne's Briefen aus Paris, Hamburg 1832.

Schmitz, Heinz-Gerd: Die Glücklichen und die Unglücklichen. Politische Eudämonologie, ästhetischer Staat und erhabene Kunst im Werk Friedrich Schillers, Würzburg 1992.

Schneider, Norbert: Geschichte der Ästhetik von der Aufklärung bis zur Postmoderne, Stuttgart ^{2}1997.

Schröder, Gert: Schillers Theorie ästhetischer Bildung zwischen neukantianischer Vereinnahmung und ideologiekritischer Verurteilung, Frankfurt am Main u. a. 1997.
Schröder, Peter: Freundschaft und Politik. Friedrich Schillers republikanisches Ideal, in: Castrum Peregrini CCLX, Amsterdam 2003, S. 27-37.
Sharpe, Lesley: Schiller's Aesthetic Essays: Two Centuries of Criticism, Columbia 1995.
Sokel, Walter H.: Die politische Funktion botschaftsloser Kunst. Zum Verhältnis von Politik und Ästhetik in Schillers Briefen >Über die ästhetische Erziehung des Menschen<, in: Wittkowski 1990, S. 264-272.
Strack, Friedrich: Ein Herold höfischer Musen. Schiller in der Karlsschule, in: „O Fürstin der Heimath! Glükliches Stutgard", hrsg. v. Christoph Jamme und Otto Pöggeler, Stuttgart 1988.
Suppanz, Frank: Person und Staat in Schillers Dramenfragmenten. Zur literarischen Rekonstruktion eines problematischen Verhältnisses, Tübingen 2000.

Thiel, Manfred: Friedrich Schiller. Der Dichter als Philosoph, Heidelberg 2005.
Tielkes, Monika: Schillers transzendentale Ästhetik. Untersuchungen zu den Briefen ‚Über die ästhetische Erziehung des Menschen', Düsseldorf 1973.
Tschierske, Ulrich: Vernunftkritik und ästhetische Subjektivität. Studien zur Anthropologie Friedrich Schillers, Tübingen 1988.

Ueding, Gert: Schillers Rhetorik. Idealistische Wirkungsästhetik und rhetorische Tradition, Tübingen 1971.
Ders. (Hrsg.): Literatur ist Utopie, Frankfurt am Main 1978.

Vosskamp, Wilhelm (Hrsg.): Utopieforschung. Interdisziplinäre Studien zur neuzeitlichen Utopie, Bd. 3, Stuttgart 1982.

Wallraven, Klaus Peter: Individuum und Revolution. Zur Bestimmung einer Kategorie im historischen, dramatischen und philosophisch-ästhetischen Werk Schillers, Univ.-Diss., Freiburg 1967.
Wiese, Benno von: Schiller. Stuttgart 1959.
Ders.: Zwischen Utopie und Wirklichkeit. Studien zur deutschen Literatur, Düsseldorf 1963.
Wilkinson, Elizabeth M.: Schiller. Poet or Philosopher? Oxford 1961.
Dies.: Zur Sprache und Struktur der ästhetischen Briefe. Betrachtungen beim Abschluß einer mühevoll verfertigten Übersetzung ins Englische, in: Akzente. Zeitschrift für Literatur, Heft 6, München 1959, S. 389-418.
Dies.: Schiller und die Idee der Aufklärung. Betrachtung anläßlich der Briefe über die ästhetische Erziehung, in: Jahrbuch der Deutschen Schillergesellschaft, Jg. 4, 1960, S. 42-59.

Dies. und Willoughby, L. A.: Introduction, in: Friedrich Schiller: On the Aesthetic Education of Man In a Series of Letter. English and German Facing, ed., transl. and with introd. by Wilkinson and Willoughby, Oxford 1967, S. I-CXCVI.
Wirth, Andreas: Das schwierige Schöne. Zu Schillers Ästhetik. Auch eine Interpretation der Abhandlung „Über Matthissons Gedichte" (1794), Bonn 1975.
Wittkowski, Wolfgang: Friedrich Schiller. Kunst, Humanität und Politik in der späten Aufklärung, Tübingen 1982.
Ders. (Hrsg.): Revolution und Autonomie. Deutsche Autonomieästhetik im Zeitalter der Französischen Revolution. Ein Symposion, Tübingen 1990.

Zelle, Carsten: Über die ästhetische Erziehung in einer Reihe von Briefen (1795), in: Luserke-Jaqui 2005, S. 409-445.
Ders.: Die doppelte Ästhetik der Moderne. Revisionen des Schönen von Boileau bis Nietzsche, Stuttgart und Weimar 1995.
Zeller, Bernhard (Hrsg.; im Auftrag der Deutschen Schillergesellschaft): Schiller. Reden im Gedenkjahr 1955, Stuttgart 1955.

Weitere Literatur

Adams, Douglas: Per Anhalter durch die Galaxis (Alle 5 Romane in einem Band!), München ^{11}2001.
Arendt, Hannah: Über die Revolution, München ^{4}2000.

Baumann, Zygmunt: Moderne und Ambivalenz. Das Ende der Eindeutigkeit, Hamburg 1992.
Braak, Ivo: Poetik in Stichworten. Literaturwissenschaftliche Grundbegriffe. Eine Einführung, Kiel ^{6}1980.

Fischer, Kuno: Über den Witz. Ein philosophischer Essay, Tübingen 1996.
Fromm, Erich: Zum Problem einer umfassenden philosophischen Anthropologie, in: Ders.: Über den Ungehorsam und andere Essays ^{6}1995, S. 57-68.

Gabriel, Gottfried: Ästhetischer „Witz" und logischer „Scharfsinn". Zum Verhältnis von wissenschaftlicher und ästhetischer Weltauffassung, Jenaer Philosophische Vorträge und Studien Bd. 15, Erlangen und Jena 1996.
Gadamer, Hans-Georg: Die Aktualität des Schönen. Kunst als Spiel, Symbol und Fest, Stuttgart 2000.
Ders.: Wahrheit und Methode. Grundzüge einer philosophischen Hermeneutik, Tübingen ^{7}1990.

Gebser, Jean: Ursprung und Gegenwart. Erster Teil: Die Fundamente der a-perspektivischen Welt. Beitrag zur Geschichte der Bewusstwerdung, Schaffhausen [2]1999.
Gerhardt, Volker (Hrsg.): Der Begriff der Politik. Bedingungen und Gründe politischen Handelns, Stuttgart 1990.
Ders.: Immanuel Kants Entwurf >Zum ewigen Frieden<. Eine Theorie der Politik, Darmstadt 1995.
Guardini, Romano: Vom Geist der Liturgie, Mainz [20]1997.

Heidegger, Martin: Der Ursprung des Kunstwerkes, Stuttgart 2001.
Huizinga, Johan: Homo ludens. Vom Ursprung der Kultur im Spiel, Reinbek bei Hamburg [18]2001.

Jaspers, Karl: Von der Wahrheit, Stuttgart [4]1991.

Kant, Immanuel: Kritik der Urteilskraft, Werke in sechs Bänden, Bd. 4, Köln 1995.
Ders.: Zum ewigen Frieden, in: Ders.: Der Streit der Facultäten und kleinere Abhandlungen, Werke in sechs Bänden, Bd. 6, Köln 1995b, S. 279-333.
Kersting, Wolfgang: Zur Logik des kontraktualistischen Arguments, in Gerhardt 1990, S. 216-238.
Kemp, Wolfgang: Disegno. Beiträge zur Geschichte des Begriffs zwischen 1547 und 1607, in: Marburger Jahrbuch für Kunstwissenschaft, Jg. 1974, S. 219-240.

Langer, Susanne K.: Philosophie auf neuem Wege: Das Symbol im Denken, im Ritus und in der Kunst, Frankfurt am Main 1992.
Lenk, Kurt: Das Elend des Anti-Utopismus, in: Neue Gesellschaft/Frankfurter Hefte: Zukunft ohne Utopien, Heft 4, Bonn 2005, S. 33-38.
Lenk, Peter: Berliner Rodeo, Konstanz 1988.

Ortega y Gasset, José: Was ist Philosophie? Stuttgart 1962.

Patzelt, Werner J.: Einführung in die Politikwissenschaft. Grundriß des Faches und studienbegleitende Orientierung, Passau [3]1997.
Pfaller, Robert: Die Illusionen der anderen. Über das Lustprinzip in der Kultur, Frankfurt 2002.
Platon: Nomoi, nach der Übersetzung Friedrich Schleiermachers, Werke IX. ergänzt durch Übersetzungen von Franz Susemihl und anderen, herausgegeben von Karlheinz Hülser, Leipzig 1991.

Rotermundt, Rainer: Staat und Politik, Münster 1997.

Rousseau, Jean-Jaques: Diskurs über die Ungleichheit. Discours sur l'inegalité. Krit. Ausgabe d. integr. Textes, neu ed. u. hrsg. von Heinrich Meier, Paderborn u. a. ^{4}1997.

Schlaffer, Heinz: Das Sexhagium und die Zechkunst. Wo das Denken in Rubriken vorherrscht, bleiben die Zwitter aus Poesie und Wissen auf der Strecke: Über den Essay als literarische Form der Kostprobe, in: Literaturbeilage der Süddeutschen Zeitung, Rubrik: Poesie und Wissen, Nr. 231 vom 05.10.2004, S. 3.

Sloterdijk, Peter: Kritik der zynischen Vernunft, 2 Bde., Frankfurt am Main 1983.

Schweitzer, Albert: Die Ehrfurcht vor dem Leben. Grundtexte aus fünf Jahrzehnten, ^{7}1997.

Seneca, Annaeus L.: Philosophische Schriften, Bd. I-V, lateinisch und deutsch, hrsg., übersetzt, eingeleitet und mit Anmerkungen versehen von Manfred Rosenbach, Darmstadt ^{4}1999.

Quellen im Internet:

- www.schillerjahr2005.de, Zugriff am 06.03.2007.
http://www.dla-marbach.de/fileadmin/redaktion/aktuelles/presse/2005/Texte/ weizs__cker-121106.pdf, Zugriff am 06.03.2007.
- http://www.bundespraesident.de/Reden-und-Interviews-,11057.623373/Grusswort-von-Bundespraesident.htm?global.back=/-%2C11057%2C0/Reden-und-Interviews.htm%3Flink%3Dbpr_liste, Zugriff am 06.03.2007.
- http://www.bundespraesident.de/Die-deutschen-Bundespraesident/Johannes-Rau/Reden-,11070.93434/Schiller-Rede-von-Bundespraesi.htm, Zugriff am 06.03.2007.
- http://www.bmi.bund.de/Internet/Content/Common/Anlagen/Themen/ Wettbewerbe/2006/1_Essay_Ganter,templateId=raw, property=publicationFile.pdf/1_ Essay_Ganter.pdf; Zugriff am 06.03.2007.

# Anhang

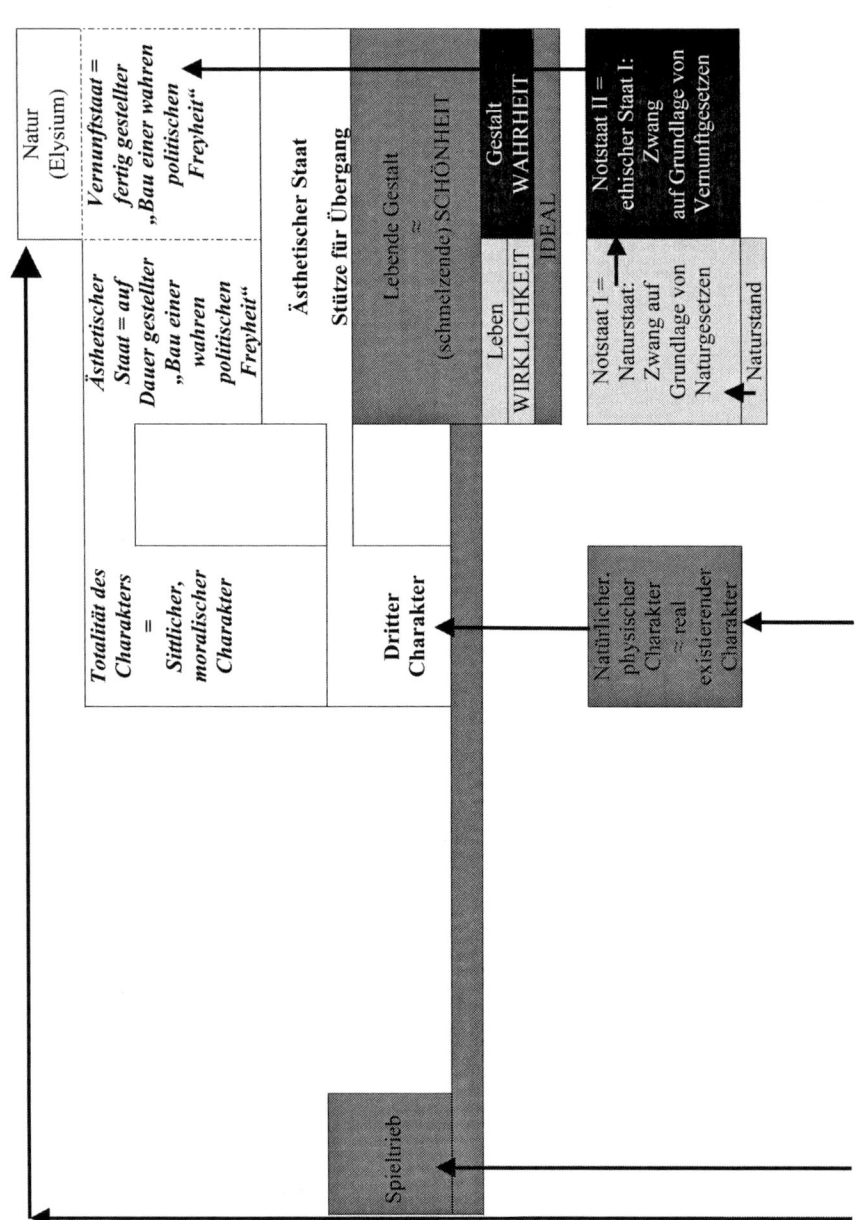

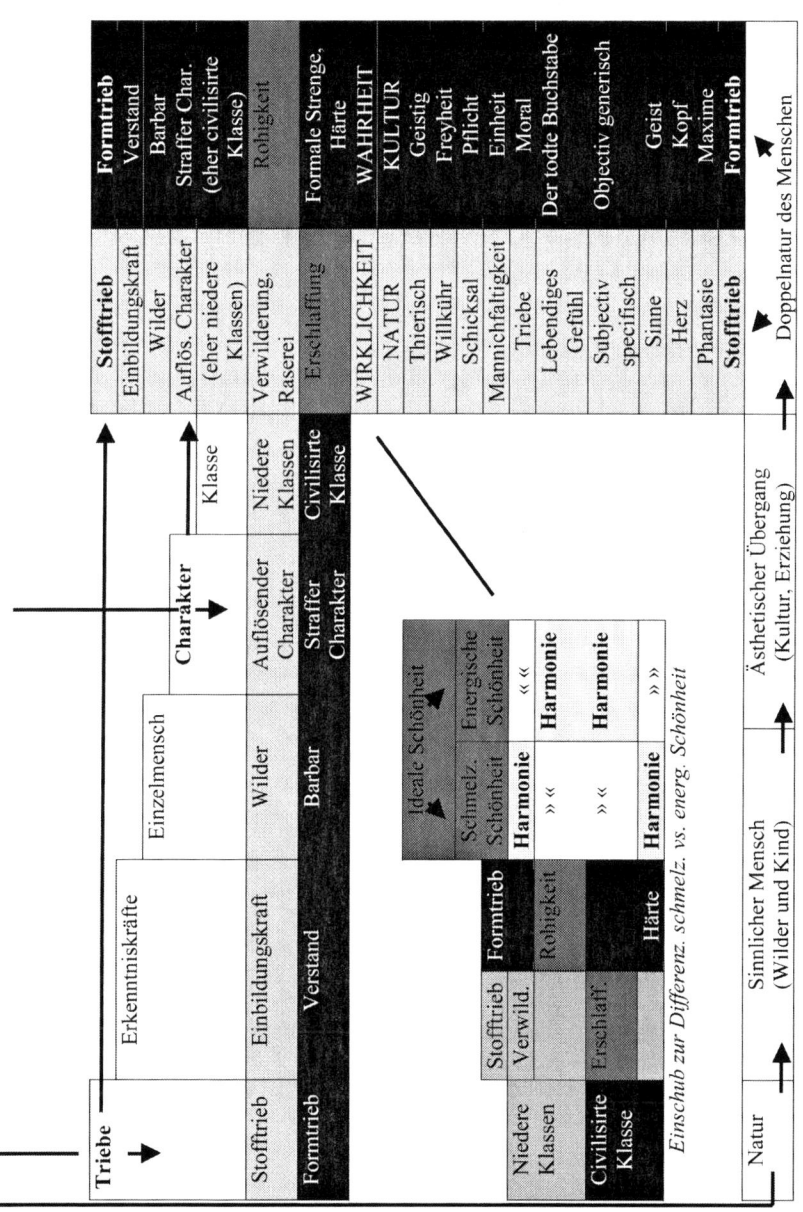

Schema III: Schema vom Hinaufstimmen zum „Bau einer wahren politischen Freyheit"

Trinidad Piñeiro Costas

Schillers Begriff des Erhabenen in der Tradition der Stoa und Rhetorik

Frankfurt am Main, Berlin, Bern, Bruxelles, New York, Oxford, Wien, 2006.
185 S.
Europäische Hochschulschriften: Reihe 1, Deutsche Sprache und Literatur.
Bd. 1928
ISBN 978-3-631-54336-80 · br. € 41.10*

Die bisherige Auslegung von Schillers Begriff des Erhabenen als ausschließliche Konsequenz seiner Lektüre von Kants „Kritik der Urteilskraft" beruht auf einer verengten Perspektive. Mit diversen Mängeln behaftet zeigt sie sich als unfähig, den Begriff in seinem ganzen Umfang zu erfassen. Nicht zuletzt verkennt sie, dass Schillers Ausbildung an der Militärakademie bis in die Reifezeit nachwirkte. Der Einfluss der empirischen Psychologie von Jacob Friedrich Abel, dem wichtigsten dortigen Lehrer, und die vom frühen Schiller im Rhetorikunterricht erlangte erste Definition des Erhabenen blieben bei der Erläuterung des Konzeptes bislang unberücksichtigt. Die Studie untersucht demgegenüber erstmals die Entwicklung des Begriffs des Erhabenen vom jungen bis zum reifen Schiller; sie bedient sich dabei eines interdisziplinären Ansatzes und einer induktiven Methode.

Aus dem Inhalt: Elemente des Stoischen beim jungen Schiller · Die anthropologische Perspektive: Schillers dritte medizinische Dissertation: „Versuch über den Zusammenhang der thierischen Natur des Menschen mit seiner geistigen"· Die ethische Perspektive: Die Karlsschulreden · Die Annäherung des jungen Schiller an den Begriff des Erhabenen · Der Wandel vom rhetorischen Dekorum zur ethischen „Gesinnung" als Voraussetzung einer neuen Auffassung des Erhabenen: die Tugend des „Erhabenen" · Vom jungen zum reifen Schiller · Nachwirkungen seiner frühen Schriften aus der Karlsschulzeit in den späteren Abhandlungen · Schillers Begriff des Erhabenen aus der Perspektive seines Menschenbildes

Frankfurt am Main · Berlin · Bern · Bruxelles · New York · Oxford · Wien
Auslieferung: Verlag Peter Lang AG
Moosstr. 1, CH-2542 Pieterlen
Telefax 0041 (0)32/376 17 27

*inklusive der in Deutschland gültigen Mehrwertsteuer
Preisänderungen vorbehalten
Homepage http://www.peterlang.de